バカと前向きに付き合う

福永活也
Katsuya Fukunaga

CROSSMEDIA PUBLISHING

はじめに

本書は僕の二冊目の著書となる。

一冊目は、本書と同じクロスメディア・パブリッシングさんから『日本一稼ぐ弁護士の仕事術』を出版させていただいた。これは僕が仕事において一定の成功を収めたという自負の下、読者にとって何か参考になる考え方がないかと思って、僕が仕事を通じて意識していたことを述べた本だ。

前著は僕自身が過去の体験を軸に総論的にお話しするものであったが、本書は必ずしも僕の体験のみに依拠するものではなく、バカとの付き合い方に特化して僕の考えをお話しするものだ。また、仕事に特化したものではなく、人付き合い全般に関するものでもある。

随分と長い付き合いになるクロスメディアグループの社長である小早川さんが、いつも僕のTwitter・現X（@fukunagakatsuya）を見ていて、バカに対する考察が面白いとのことで、「こんな本書いてみない？」と提案を受けた。

基本的に荒ぶって悪態をついているだけの僕の戯言から、読者にとって何か足しになる話ができるのか不安でしかないが、本書は次の内容で構成している。


まずは僕にとっても、みなさんにとっても害悪でしかないバカとの付き合い方だ。

ウザ絡みをしてくる害悪バカのあしらい方やマインドセットについてお話ししていく。

周囲にいるバカのせいで、夢や目標を諦める必要などないということをお伝えしたい。

本書の一つ目の目的である、他人の害悪バカに負けるなという話だ。


また、害悪バカとは他人に意図して危害を加えるタイプだけでなく、その自己過剰防衛意識から害悪となる場合もあり、これについてもお話ししたい。


さらに価値のあるバカについてもお話ししていく。価値あるバカとうまく付き合うことで、人生を少しでも豊かにしていくための心構えや対応方法についてお話ししてみたい。

その上で、本当にお伝えしたいことは、僕にもみなさんにも、自分自身の中にこそ害悪バカな面と価値あるバカな面が同居していることだ。いかに害悪バカな面を抑えて消し去り、価値あるバカな面を伸ばしていくかといった、自分自身のバカにいかに前向きに付き合うかで人生は豊かにもなるし貧しくもなる。

本書は、他人に関する害悪バカ、自分に関する害悪バカ、他人に関する価値あるバカ、自分に関する価値あるバカという流れで少しずつ自分自身を価値あるバカに近付けていけるように話を進めている。まずは他人に害されても負けないことや他人を害さないことを意識し、次に自分を害するマインドを消し去り、最終的に価値あるバカに転生していこうという流れでご理解いただきたい。

結果、夢や目標に対して、勇気を持って一歩踏み出し続ける一助になれたら幸いと思っています。それではお付き合いくださいませ!!

目次

第2章 全ての人は害悪バカと価値あるバカの両面を持っている

第3章 害悪バカのトリセツ SNS頻出型・他者攻撃型

第4章 害悪バカのトリセツ 日常生活出没型・自己過剰防衛型

第5章 価値あるバカとの付き合い方

第6章 バカだらけの世の中で

第1章

バカは2種類

なぜ私達はバカに腹を立てるのか

バカと接すると腹を立てることがあると思う。

では、なぜ腹を立てるのだろうか。

バカは、大して実績もないのに偉そうだからか、性格が陰湿だからか、見た目が不愉快だからか、顔面がキモいからか、あるいは、その全てだからかもしれない。

いろんな理由が考えられると思うが、本質的な要因としては、他人のことを考えておらず、自分本位であるがゆえに腹が立つのではないかと思う。

相手のためを思っている振りをしているだけで、実際には自分が言いたいことを言い、自分が小利口であることを世に知らしめたり、相手を言い負かして勝ち誇ってマウントを取ったり、妬みを隠して無理やりヒーローを気取って攻撃したりすることを目的としていることが、気持ち悪いのではないかと思う。

こう言うと、SNS上にはびこるアンチや、一方的に絡んでくるバカ達は、図星なことを言われたから腹が立っているだけだと、したり顔をするだろう。確かに一方ではその通りであることもある。

しかし、彼らに圧倒的に抜け落ちているのは、人間はそもそも誰しも欠点があり、指摘すれば図星なところはたくさんあるという非常に当たり前の事実だ。その当たり前の事実に気が付かず、ずけずけと指摘して正論を述べればいいと思っているところがバカなのだ。リアルな間柄における普通の会話ですら、相手の立場に立ち、相手の価値観や意見をまず尊重した上で、自分の意見を言うべきものだし、批判や指摘であれば、一層配慮した発言を心がけなければならない。

だが、ネット上でキーキー騒ぐバカは、こんなことも理解できていない。だから醜く、性格が悪いと忌避され、薄気味悪いと嫌悪されているにもかかわらず、人を不快にさせ続けることを厭わないでいられるのだろう。

また、非があるんだから、指摘していいじゃないか、一体何が悪いんだ、と考えるバカもいる。

確かに一定の批判は甘受すべきだが、何の被害も受けていない第三者からいちいち責められる理由などない。また、いかに相手に非があろうとも、それを指摘して意味があるのは、その相手にとって信頼できる間柄の人物だけだ。大して信頼関係も構築されていない間柄で相手を生産的に批判することなど不可能だ。

SNSのように直接知りもしない関係であれば、一層慎重に慎重を期さないと、ただ相手を不快にさせるだけで、何の効果ももたらさない。

そもそも相手を批判したり指摘したり、さらに相手の言動を変えさせることができるとすれば、それは一定の信頼関係のある間柄において、相手の価値観や意見を尊重した上で、慎重に丁寧に対話した場合だけだ。なぜなら、どれだけ非難に値することをしてしまった人物でも、その人の立場に立てば必ずその人なりのやむを得ない事情や言い分があるからだ。

こんな当然の人間の心情さえ理解できないバカがSNSに大量発生しているのは、自分は完璧であるとの肥大化した自信で充満されているからであろう。

唯一、信頼関係のない間柄でも、相手を動かすことができる場合があるとすれば、圧倒的な実績を有する人が言う場合くらいだろう。しかし、大抵のバカ達は、その中身は空っぽで目立った実績は何もないのがお決まりだ。

だからバカが言っていることは、どれだけ正論のようでも、自分本位で相手の立場を顧みない一方的な押し付けをしているに過ぎない。そのため傲慢で上から目線で気持ち悪い印象を相手に与えるし、滑稽な人間としか映らない。

彼らはヒーロー気取りで毎日いろんな社会の出来事や他人の言動に対して、正論を振りかざしている。しかし、彼らの言葉に耳を傾け、行動を改めた人物は一人もいない。彼らの考える正当性は現実には無価値なのだ。

それでもなお他人を批判し攻撃し続けるのは、正当性の名の下に自らの虚栄心と制裁欲を満たしているだけにほかならない。

SNS上で他者を攻撃する連中は、結局、相手を不快にさせ、攻撃することで気に入らない活動をやめさせることを目的としているだけで、迷惑系YouTuberと何ら変わらない。

SNSであれば、おまえには一ミリも関係ないという批判ばかりだし、実社会においても、大抵は余計なお世話なものばかりだ。

仮に組織内で上下関係にあり、指導者として指摘するケースであれば、話は変わる。だが、上司は部下と人間関係を築いた上で、指導される側が受け入れやすい形での指導をすべきであるのが当然の姿勢だ。そうした配慮を一切せずに、ただ一方的に批判を浴びせる上司がいかに無能かは説明不要だろう。

そんなことも理解できない出来損ないの上司の言葉など、下の立場の人間はその時だけハイハイと反省した振りをして頷き、内心では全く受け入れていないのも当然だ。こんな生産性のない指摘に意味はない。

実社会の組織内で上下関係のある立場でもこうなのだから、ネット上の知らないバカの意見を聞く人などいるはずがない。

もちろん実社会でもネット上でも、違法行為をしていた場合は別の話だが、これはバカ達の言葉に従ったわけではなく、単に法律に基づいて裁かれただけだ。

結論、バカとは、生産性がないことに気が付かず、あるいはそれを承知で、自分本位で他人に自分の意見を押し付け、虚栄心と制裁欲を満たすために、正論を毒霧のように吐き続けている人物のことだ。

だから、彼らから受け入れるべき意見は一つもない。これは言われた側が素直じゃないという話ではない。元々、よく知らないその辺のブサイクな小太りハゲ親父の話など聞く人などいないという、ごく当たり前の話だ。生理的に受け付けない。

人は信頼している人の話以外は聞かず、話の内容が正当かどうかを考える入り口にも立たない。こんな当たり前のことすら理解していないバカの話には一ミリの価値もないし、腹を立てるのは当然の生理現象だと理解してほしい。

2種類のバカ

以上の通り、バカとはヒーロー気取りの無価値な人物であるが、「はじめに」で登場した小早川さんのような人物もある意味バカだ。僕のTwitterから書籍出版を考えるなんて馬鹿げている。

また、思い返せば、一冊目の著書を出版した際、僕のアンチのバカ弁護士のTwitterの固定ツイートに勉強を促すために僕の本のリンクを貼ってコメントしまくるということを提案した際も、面白そうと言ってくれた。

しかし、このような調子の小早川さんもバカと言っていいと思うが腹は立たない。小早川さんとただのバカの違いはなんだろうか。

それは、小早川さんのバカは、僕に対して向けられたものではなく、小早川さん自身に向けられていることではないだろうか。

ある意味、自分本位ではあるが、そのバカさが自分自身に向けられ、自分の活動範囲を広げるための価値を見出すバカ（以下「価値あるバカ」という）であることが他人に害悪を撒き散らすだけのバカ（以下「害悪バカ」という）との大きな違いだ。

価値あるバカは、自分の人生では常に自分が主人公として生きている。だからこそ、他人に対しても、その人の人生を基準に考えて理解することができる。一見、自分にとっては違和感のある言動であっても、その人の人生であればそのような考え方もあり得るなという発想があるから、闇雲に自分の考えを押し付けたり、相手を否定したりはしない。

他方、害悪バカは得てして、他人には正論を押し付ける割に自分は大した実績もあげず、容姿も醜くスタイルも乱れているような、自分には甘い人物ばかりだ。本来、自分に厳しく他人に優しくあるべきが、他人のことは大して信頼関係もないのに正論を突き立てて批判し、最も大切な自分を甘やかしているからこそ、みんなとは違う高い目線から世の中を眺めることができるかのような傲慢な態度が出せるのであろう。職場にもそんなハゲ親父はたくさんいるだろう。

そしてそんな害悪丸出しのバカだから、簡単に他人に対して自分の価値観や考えを押し付けて批判しようとする。彼らが広い世界観を持ち、実績も出していて本当に優秀な人物であればまだしも、狭い世界で大した実績もない貧しい価値観を押し付けるもんだから余計にタチが悪い。

このようにバカには2種類いる。自分に対してバカさを発揮することで創造性や行動範囲を常識外に広げていく価値あるバカと、他人に対して何の役にも立たない正論を高らか

に叫ぶヒーロー気取りの害悪バカだ。

前者はそれだけ人並み外れている分、その世界で一流となっていく人が誕生していく。小早川さんも、一般には有名ではない中小の出版社であるが、創業してもうすぐ20年になり、億単位の営業利益を上げており、一流の出版社の経営者と言えるだろう。

価値あるバカは自分を引き上げてくれ、害悪バカはゴミでしかない

2種類のバカについてお話ししたが、当然付き合うべきは価値あるバカだ。

価値あるバカは、そのバカさを他人に向けず、自分自身に向けている。このようなバカは、近付いてみるとほかの人にはない考え方を有していたり、ほかの人がしていない行動をしていたりすることがわかる。

僕の周りにも、親交の深さは濃淡あるが、ホリエモンこと堀江貴文さん、メンタリスト

ＤａｉＧｏさん、元大王製紙の井川意高さん、旧ＮＨＫ党の立花孝志さん、青汁王子こと三崎優太さん、幻冬舎の箕輪厚介さん、セクシー男優しみけんさんといった、価値あるバカがいる。

もちろん、こういった著名人に限らず、身の回りにもたくさんの価値あるバカはいる。もしかすると、彼らは、世の中からはいかがわしいと言われている人たちかもしれない。ただ、それは他人と違うことを考え、社会の一般常識とは異なる行動を取っているのだから当然だ。

例えば、堀江さんは民間でロケットを打ち上げるという、一般常識からすればそんなことできるわけはないと思ってしまいそうなことに本気でチャレンジしている。立花さんであれば、ＮＨＫをぶっ壊すと言いながら、本当にＮＨＫの業務を大きく変更させるような影響をもたらそうとし、国政政党まで立ち上げてしまった。

彼らはほかにも様々なぶっ飛んだ実績を有しているが、彼らのうち誰一人として、自分以外の他人の行動について強く強制することはない。良い意味で他人に無関心で、許容範囲の広さや想像力の深さというバカさが自分の方向にばかり向いている。そのため、一緒にいても不快な思いをさせられることは全くない。

例えば、堀江さんと僕の共通の知人で、けん玉と人狼ゲームという言わばただの遊びを仕事にしている人がいる。堀江さんが、その人と初めて会い、そのような自己紹介を受けた時、最初に「何それ、面白そう」という反応をした。大抵の人は、思い込みで、そんな遊んでいるだけの人は無職同然でヤバい奴だと決めつけてしまうのではないだろうか。

しかし、堀江さんは、他人に常識のようなものや自分の考えを押し付けない。むしろ、けん玉と人狼ゲームで生活しているというあまり聞いたことがない話を耳にすると、誠実な興味と関心を持ち、決して頭ごなしに否定することはない。こだわりがあるようで全くないのだ。

世の中の人は、自分の価値観と異なる言動をする人に対して、自分は何ら否定されていないし強制もされていないのに不快に感じる人がいる。それ自体は仕方のないことだが、その不快感が彼らをいかがわしく感じさせているだけで、基本的に彼らが他人に実害をもたらすものではない。

むしろ近付いてみると、それまでの自分では思いもよらなかった発想で様々なことにチャレンジしていることを目の当たりにする。そして、その感性や行動力を共有しながら一緒にいると、いつの間にか自分が成長しているということも多い。**価値あるバカは、人の感性や能力やスキルを引き上げてくれることがあるのだ。**

これに対して、害悪バカは、自分本位で、自分の小利口さを示して勝ち誇ったりすることを目的としているだけなので、害悪でしかない。この類のバカは、一切真面目に相手する必要はない。

害悪バカにも取り巻きはいるが、取り巻きもほぼ全員バカだ。害悪バカが害悪バカを褒め合い、お互いに木に登り合っているだけなので近付かなくていい。

どちらのバカかを見分ける方法

では、どのように価値あるバカと害悪バカを見分けるか。

それは、そのバカの行動から何かワクワクを感じられるかどうかだ。

価値あるバカは、他人に対してバカが向いているのではなく、自分に対してバカが向いているため、標準的な人とは異なる考えを持っているし、バカが原動力となり異端な行動に表れている。

ほかの人がしないような行動をしているために、見ているだけでもワクワクさせられる機会が非常に多い。最近だとＳＮＳのおかげで身の回りの価値あるバカに対して、ワクワクさせられた経験がある人も多いのではないかと思う。

一方、価値あるバカであっても、価値観の違いから不快に思ってしまうこともあると思う。そういう場合は無理して彼らから何かを得る必要はない。そっとブロックして距離を取ればいい。全ての人と何らかの接触をする必要はない。ただ、自分自身の許容範囲が狭いだけという点には注意すべきだ。

また、SNSは価値あるバカだけでなく、全く価値のない害悪バカも可視化させた。

SNSがない時代は、害悪バカには発言権はなかったし、発言したところで無視されるのがオチだった。だが現代では、SNSのせいで嫌でも害悪バカが視界に入ってしまう。こんなにも世の中に害悪バカが溢れているのかと困惑させられるのも無理はない。リアルでは決して会うことのないレベルのバカに接することができてしまうからだ。

害悪バカは、そのバカさが他人に向いており、他人を正論で制裁することだけが得意で、陰湿な嫌味や他人を揶揄するという特技を磨いているため、SNSのフォロワーぐらいは増やすかもしれないが、自分の立ち位置は一ミリも動いていない。そのため、その人自身は何の実績もなく今後も何かを成すことはなく、その人を隅々まで見ていてもワクワクさせられる要素が全くない。アンチ活動はターゲットを否定することでしかなく、その人自身の行動を伴わないからだ。

仮にそのような人物にワクワクする人がいるとすれば、いかに他人を小馬鹿にするかを一緒になって面白がっているだけの、性格が悪い陰湿な人達であろう。

決してそんな底辺の人間になってはならないし、そんな底辺集団に混ざってはならない。

このように、価値あるバカと害悪バカはその行動に大きな差があることから、大抵、実績にも大きな開きがある。

価値あるバカは、いろんな挑戦をし続けているため、仕事であれプライベートであれ、常人では成せないような実績がいくつもあるのが通常だ。これに対して、害悪バカは他人に対する害悪活動をし続けているだけで、自分が主人公になっていないことから大した実績がない。

どちらのバカと多く付き合うかは自分で変えられる

価値あるバカも害悪バカも、意外と世の中では少数派だ。大半はどちらにも属しない普通の人達で、周囲に大きなワクワクを与えることはないが、害悪を与えることもない。

しかし、たまに遭遇する2種類のバカと接触すると、いずれも大きな影響を受けることがある。

価値あるバカと接する機会が多ければ、いつも以上に日々の生活に充実や豊かさを感じ、また自分自身も少しずつそのような価値あるバカに似通っていく。他方、害悪バカと遭遇すると、生活の中で出会う多くの人達の数からすればほんの限られた人数しかいなくても、不快さは深く長くつきまとうこともある。

そのため、意識的にどちらのバカと多く付き合っていくかを考えなければならないが、意識次第でいくらでも付き合いを変えていくことができる。

後述するように価値あるバカと付き合っていくために大切なことを実践していれば、自然と価値あるバカからも気に入られ、接する時間が増えていくだろう。

他方、害悪バカに対しては、彼らが日頃からブヒブヒやっている言動を忌み嫌い、合わせることをしなければ、自然と距離が保たれていく。決して、彼らに合わせて、一緒に誰かの陰口を叩くようなことをしてはならない。そんなことをすれば、害悪バカ達は仲間を見つけたと思って悪霊のように近寄ってくるからだ。

価値あるバカを引き寄せる生き方、害悪バカを遠ざける生き方を修得し、価値あるバカとばかり付き合っていけるようになろう。

第2章

全ての人は害悪バカと価値あるバカの両面を持っている

人の体内には害悪バカと価値あるバカが同居している

2種類のバカについて話をしてきたが、実際は全ての人の体内には害悪バカな面と価値あるバカな面が同居している。

特定の人について、その人丸ごとが価値あるバカであるとか害悪バカであるといった区別はできない。全ての人は、価値あるバカな面と害悪バカな面の両面を持っている。もちろん僕もそうだ。

その人のほんの上澄みの部分に価値があり、底辺の部分に害悪が潜んでいるのだ。

害悪バカも、その人の全人格がゴミかと言うとそうではなく、その人物の体内の最もゴミの部分を吐き出しているだけなのだ。害悪バカの正体は、全ての人の中に潜む最も底辺な部分が害悪となって表れているものだ。なので、社会で目立つ害悪バカは、一定の底辺の人達が集まっているのではなく、個々人が抱えていて外に放出されてしまった底辺部分の集合体なのではないかと思っている。本書では、害悪バカについて特定の人を指すかのような表現を用いているところもあるが、それは右記の意味で特定の人の底辺部分のみを意味していると理解していただきたい。

そして大切なのは、いかに相手や自分の価値あるバカな面に目を向けて引き出し、一方、いかに相手や自分の害悪バカな面を抑えて切り捨てて付き合っていくかだ。

例えば、同じ相手でも、付き合い方によって価値あるバカにも害悪バカにも自在に変化する可能性がある。

僕が弁護士になりたての頃、事務所の上司で言動がきつく、今ならパワハラに当たるような対応で部下に接する人がいた。この上司は、非常に優秀な人で、害悪だけのバカではないが、僕以外のほかの弁護士はこの上司のことを煙たがり、極力近付かないようにしていた。

しかし、そんな対応では、ますますその上司は部下のことを可愛くないと思うようになり、さらに嫌味な発言をして、ますます害悪な面が増幅されていく。

この上司そのものをほかの人と入れ替えられるのであればそれでもいいが、そうもできない場合、現実的には受け入れるしかない。

そうとなれば、僕は無理やりにでもこの上司に懐くようにした。仕事中だけでなく、みんなで食事に行くような場合にも極力近くに座るようにし、接触機会を増やすようにしたのだ。

すると、その上司は、ほかの部下と比べて、僕に対する態度が少しずつ柔らかくなっていった。そりゃそうだ。ほかの部下が避けていることぐらい本人は気が付いているはずで、それにもかかわらず近寄ってくる部下がいれば、それだけ一緒に仕事をする機会は増えるし必然と仲良くなっていくものだ。

結果、その人の害悪の部分はなくなり、極めて優秀という価値ある面だけが残る上司となったのだ。

また、自分自身についても、価値あるバカな面と害悪バカな面と、どちらを意識して日常生活を送っていくかで、積極的で好奇心旺盛にワクワクを周りに撒き散らせる人になることも、消極的で保守的でつまらない人になることもある。

その人の上澄みである価値あるバカと、底辺にある害悪バカは、グラデーションを成している。だから、日頃から害悪バカな面を表に出していれば、どんどん体内における害悪バカな割合が増えていくし、逆に価値あるバカな面を意識していれば、いつの間にか価値ある人となっていけるのだ。

本章では、総論的に、他人または自分の害悪バカな面との付き合い方、さらに、他人または自分の価値あるバカな面との付き合い方についてお話ししたいと思う。

他人の中にある害悪バカとの付き合い方

これまで害悪バカの話をしてきたが、それは基本的に他人の中にある害悪バカを前提としていた。

この意味での害悪バカとの付き合い方は単純で、彼らを自分や自分の周囲にいる人と同じ人間と思わないことだ。

害悪バカとの付き合いで悩む人は、目の前にいるバカが世間の標準的な感覚や価値観を持っていて、世間の最大公約数的な意見を言っていると誤解している人だ。

しかし、害悪バカは、その相手がリアルでは決して見せないような底辺の人格を表に出して底辺の表現を投げかけているだけに過ぎない。決して普段リアルで付き合っている人達の正常な感覚が表現されたものではない。

ＳＮＳにしてもリアルな陰口にしても、他人に害悪バカを向ける人は、その瞬間においては自分が同じ目に遭うことを意識せずに、安全な場所から批判しているため、このような底辺な面を表に出しやすくなるのだ。これがリアルな関係性であれば、特定の人を攻撃すれば、いつか自分も同じように他人から攻撃される可能性を想像するため、相手と自分の立場を置き換えて考えることになるが、このような歯止めが利かないため、全力で他人を罵ることができるのだ。

そして、人は嫌な思いをしたことを長く覚えているらしく、客観的にバカと遭遇した回数以上に、世の中はバカで溢れていると感じてしまうかもしれない。しかし、正常な人間は他人にそこまで執着しないし強い関心を持たない。大抵の人間は、サイレントマジョリティーだ。ふがふが言っている害悪バカはラウドマイノリティであり、全体の中でわずかしかいない偏った層（人の底辺部分の集合体）が目立っているに過ぎないということを頭に入れておいてほしい。

したがって、まれに運悪く害悪バカに遭遇してしまった場合は、社会の中の底辺が魔界からやってきたのと同じだから、インベーダーゲームだと思えばいい。

インベーダーゲームの敵キャラに過ぎないから、適当に射撃ゲームとして撃ち落とせばいいし、面倒くさければ逃げても構わない。もちろん、たまに被弾したって構わない。

所詮はインベーダーゲームであって、勝ち負けはどうでもいいし、それで自分の人間としての価値が揺らぐことは一切ない。害悪バカとの接触で傷つくことは何一つない。

害悪バカがSNS上で連日、延々と誰かを批判して小馬鹿にしていても、その相手には何の影響もなく、言動を変えることもなく何ら変わらず生活しているケースが大半だ。

彼らの活動は弱小野党と同じく批判することだけが存在意義で、それが実際の社会に何らかの影響を及ぼすかどうかはどうでもいいのだ。

このように、絡んでくる害悪バカは、決して世の中の正常な最大公約数の意見の集合体ではない。底辺の底辺に居つくゴミ達だ。とことん見下しておけばいい。

次章以降では、害悪バカを具体的な種類ごとに分類してお話ししていくが、大きく2種類に分けている。

1つは、特にSNSに頻出する害悪バカで、他者を攻撃するタイプだ。第3章でお話しする。

このタイプの害悪バカは、他人を小馬鹿にしたり揶揄したりすることを生業としており、底辺中の底辺で害悪しかないので、とことん見下し、このゴミ達との接触で傷つかないマインドセットを持つように努めるべきだ。

昨今は著名人の自殺報道まで相次ぎ、このタイプの害悪バカによる社会的被害は深刻だ。そろそろ本腰を入れて世の中を変えていかなければならない。

正常な人達は、決してこのタイプの害悪バカに迎合してはならない。この手の害悪バカは、いつも他人を攻撃するために仲間を探しており、近付くと悪霊のように取り憑いてくるからだ。

徹底して距離を保ちつつ、もし誰かが攻撃されていたら守ってあげてほしい。害悪バカは社会において今や他人事ではなく、放っておくと増殖するゾンビのように増えていき、社会を蝕んでいくからだ。

また害悪バカは、自分達は立派な人間であると思っており、特に価値あるバカの邪魔をして活動を止めようと必死になることがある。なぜなら、価値あるバカは、世間の常識とは外れた行動をしがちであるゆえ、目立ってしまい、害悪バカの格好の的となるからだ。

しかも、価値あるバカは常識と外れていることも多いため、巧妙に批判すれば大衆もよくわからずに常識外れだと害悪バカの批判に乗っかってくれる。害悪バカは他人への批判だけは日夜研究し続けているため、このようなやり方が非常に得意だ。

価値あるバカが攻撃を受けることは社会にとって損失なので、みんなで食い止めなければならない。他方、万が一害悪バカから攻撃を受けた時は、価値あるバカと認められたのだと考えていい。

このタイプの害悪バカを変えることは難しい。頭が悪いことに加えて性格も歪んでいるからだ。だから、このタイプの害悪バカとうまく付き合っていくために、バカの正体を言語化し、客観視して冷静に見下して距離を置き、また時として戦っていくことを試みたい。

もう1種類の害悪バカは、日常生活出没型・自己過剰防衛型のタイプで、第4章でお話しする。

これは、必ずしも悪気はないが、陰謀論のような不合理な考えを信じて周囲に吹聴したり、根拠のない不安衝動にかられて他人の足を引っ張ったりするような害悪バカだ。他者を直接攻撃する害悪バカに比べると、一見良い人なのだが、悪気なく他人を害する人も十分厄介だ。本人に悪気がない分、改善の余地が乏しいからだ。

いずれにしても、害悪であることに変わりはないので、うまく付き合っていかなければならない。こういう相手も簡単に変えることはできないが、もし一定の信頼関係を築いていく中でこのタイプの害悪バカが現れた場合には、バカを言語化することで共通の敵として客観視し、可能な限りで話し合って解決の一助を見出せればいいなと思う。

簡単な例で言えば、飛行機に乗るのが怖いといって社会活動に制限を設けているバカがいたら、墜落事故の確率を見せて不安を解いてもらうといった具合だ。

現代にはすっかり害悪バカがはびこる世の中になってしまったが、今からでも害悪バカに支配されそうになっている世の中に正常を取り戻そう。もちろん害悪バカと認定できる一定層の人を葬り去ろうということではなく、誰しも持っている害悪バカな属性を社会の共通の敵とみなし、みんなで協力して減らしていこう、打ち勝っていこうという試みだ。

自分の中にある害悪バカとの付き合い方

他方、そのような害悪バカを有する人について、決して見放しているわけではない。それはその人の底辺中の底辺の一部が表に出ているだけに過ぎないからだ。例えばTwitterには害悪バカが溢れ返っているように見える。しかし、それはTwitterに害悪バカの人物がたくさんいるからではなく、人の害悪バカな面が表れやすいSNSだからだ。

だから、僕はSNSで絡んでくるバカともなるべくコミュニケーションを取るようにしている。それは、そのバカ達が、人格丸ごと底辺のゴミなのではなく、そのような底辺中の底辺の部分を外に出してしまっているだけだと思っているからだ。そして、そんな害悪バカを野放しにしているとその人の体内でも増殖していくし、害悪バカ同士も集結して増えていくため、それを食い止めなければならないと思っているからだ。害悪バカ自身にとっても、そのような害悪バカな面を外に出すことを止めることができれば、簡単に価値あるバカに変わっていけると思っている。

害悪バカは、自分の中にも必ずある。

本書は、前半部分は他人の中にある害悪バカを第一に想定してお話しするものであるが、誰しもがそのような害悪バカな面を有し、外に出してしまう可能性があることに注意しなければならない。

SNS頻出型の他者を攻撃するタイプの害悪バカについては、他人事として見聞きしている分にはそんなしょーもないことをする人がいるもんだと思うかもしれないが、油断をするといつの間にかその輪の中に入って、知らず知らずのうちに他者を攻撃してしまっている。

特に昨今のSNSによる誹謗中傷については、自分一人の発言など大したことはないと思って軽々しく他人をネタにし、小馬鹿にする発言をしてしまいそうになるが、ターゲットからすると大量の同じ発言を浴びせられていて深刻な事態になってしまうかもしれない。

こんな文化をいつまでも続けているようであれば、いつ自分や自分の家族が同じ目に遭うかわからない。

本来的に他人からとやかく言われる筋合いのないことについて、不特定多数から束になって特定の人を面白がって弄ることは虐めであって、何気なくそんな下劣な行為に加担することは意識的に自制しなければならない。うっかりネタにすることを堪えなければならない。

僕は著名人の誹謗中傷の開示請求を大量に行っているが、特定した加害者に聞くと、まさか自分の発言が違法行為に当たるとは思っていなかったとか、まさか本人に知られるとは思っていなかったといったように、まるで当事者意識がなく、他者を攻撃していることの意識も鈍磨してしまっているケースが非常に多い。

そのため、自分の底辺中の底辺の部分、いわばその人が社会生活を送っている正常な面とはかけ離れた二面性をはけ口として外に出してしまっていることも多い。

開示請求により加害者を特定して、その人がこれまで投稿していた内容を見せると、自分で自分の投稿を見て、いつの間にこんな酷い投稿をしていたのだと我に返る人も多い。

だからこそ、意識的に害悪バカを表に出さないように心がけなければならない。

他人の中にある害悪バカを変えることは難しい。しかし、自分の中にある害悪バカであれば変えられるチャンスはある。

お手軽な嗜好品として、SNSで著名人等の他人を小馬鹿にする日々を送っていると、自分の底辺にある害悪バカが体内で膨れ上がってきてしまい、いつか丸ごと乗っ取られて害悪バカな人間となってしまう。ヒーロー気取って他人を小馬鹿にする活動というのは、自分自身は何の努力もせずに正義を貫いた気になれるため爽快だ。続けているうちに麻薬のように正義中毒になって抜け出せなくなってしまう。軽々しく他人を揶揄する楽しさを我慢して、必死に自分の中の害悪バカを消し去らなければならない。

また、同じように、日常生活出没型・自己過剰防衛型のタイプの害悪バカについても、自分の中にはそういうバカさがあることを常に自覚して戒めていかなければならない。

人は動物的本能から、放っておくとどんどんリスクを過大評価してしまい、何をするにしても怖い怖いという思いで満ち溢れてしまうようにできている。

人類は、長い間、本当に物理的な死を招くようなリスクに遭遇してきたからだ。慎重にリスクを避けようとする本能が遺伝子に組み込まれている。人間以外の動物を見ればわかるだろう。動物は、基本的に外部には危険ばかりだと認識していて、よほど信頼できる相手以外は敵とみなして攻撃したり逃げ出したりしているだろう。

しかし、現代で僕達人間が負うリスクの大半は失敗してお金を失うとか恥をかくとか、人からバカにされるといった程度のものに変わっている。命まで取られるような危険はほぼない。

リスクの内容は変わっているのに、人の本能は簡単には入れ替わらずに体内に残っているのだ。

だから、人の自然な感情に任せて行動を決めていると、必ず必要以上に保守的かつ自己過剰防衛に進んでいってしまう。なぜなら、積極的に活動しないことのリスクは長期にわたって追々表れてくるため現実的なリスクとして感じにくい一方、保守的に踏みとどまる選択ばかりしていると、一見、目の前のリスクを華麗に避けたように感じられるからだ。

また、保守的な人にとっては、これまで成功を掴んだことがなく、成功の具体的イメージがないため、積極的に活動するメリットを感じにくいという理由もある。

そのため、人は知らず知らずのうちにリスクばかり考えて、どんどん保守的に消極的になっていくという性質を有していることを肝に命じておく必要がある。

だから意識的にリスクを受け入れて許容していかなければならない。本能で感じるリスクと客観的なリスクには大きな差があるからだ。

例えば、先ほどの飛行機の例で言えば、飛行機に乗って機体が揺れれば怖い思いをするだろう。これは人間の本能からすれば当然だ。しかし、科学的には飛行機が墜落する確率は極めて低く、何十万分の1に過ぎない。この知識があれば、機体が揺れる不安感を一定程度拭い去ることができるだろう。

このように不安を可視化、客観化、言語化することで、人間的本能で感じる不安や恐怖の中には、実は大したリスクではないものがあることに気付き、感情を補正し、リスクを許容して行動を変えていくことができるはずだ。

一見不安や恐怖を感じたとしても、それは果たして本当にリスクなのかを自問自答し、意識的にリスク許容度を上げていかなければならない。

そういった一助になれたらとの思いで、自己過剰防衛型のタイプの害悪バカについても、言語化してお話ししてみたいと思う。

第3章及び第4章でお話しすることは、いずれも他人の中にある害悪バカにも当てはまるし、自分の中にある害悪バカにも当てはまることだ。油断すると必ず体内の害悪バカが増幅していく。日々意識して害悪バカを排除していかなければならない。

他人の中にある価値あるバカとの付き合い方

他人の中にある価値あるバカと付き合う時は、そのワクワクの一端を共有させてもらいつつ、決して価値あるバカの活動を阻害しないように注意しなければならない。価値あるバカは、そのバカさが自分に向いているため、放っておけば勝手に次々と新しいことや面白いことに挑戦していき、その過程で周囲の人にもワクワクをばら撒いていく。だから、その行動だけは邪魔してはならない。面倒くさいやつだと思われないように注意しなければならない。

また、価値あるバカは、日頃、害悪バカから様々な邪魔をされているため、素直に自分のことを応援してくれる人のことを大切にしようとしてくれる。だから価値あるバカのことは積極的に応援していくべきだ。

さらに、価値あるバカは、高確率で社会的な成功も収めている。そうなると、周囲には打算的におこぼれをもらうために近寄ってくる人も増えてくる。価値あるバカは、そんな乞食のような取り巻きにはうんざりしている。だから価値あるバカと接する時は、その人からワクワクを感じるにとどめ、具体的にお金や経済力、社会的信用等のおこぼれを期待してはいけない。

すなわち、価値あるバカのワクワク行動を阻害しないこと、価値あるバカを応援すること、価値あるバカにたかるようなことは絶対にしないことだ。

このように価値あるバカをいかに引き寄せるかについては第5章でお話しする。

自分の中にある価値あるバカとの付き合い方

価値あるバカと害悪バカについて総論的な話をしたが、一番大切なのは、自分自身が価値あるバカになっていかなければならないということだ。

価値あるバカになれれば、それだけ他人の価値あるバカとも仲良くなりやすく、相乗効果でどんどん価値あるバカを増やしていける。

また、他人の価値あるバカと害悪バカの区別もしやすくなる。なぜなら、自分の味方をしてくれる人が価値あるバカであり、自分の邪魔をしようとする人が害悪バカとわかるからだ。

価値あるバカは、他人の価値あるバカの行動を邪魔することはないし、必ず面白がって応援してくれる。自分を応援してくれる価値あるバカのことはいつまでも大切にしなければならない。そして、価値あるバカ同士はお互いの活動を尊重し合い、さらに成長して様々なワクワクを生み出していくことができる。

他方、他者攻撃型の害悪バカは、そいつの人生の主人公は常に他人であり、自分が何を成すかではなく、他人をいかに小馬鹿にして批判するかに時間と労力を費やしている。価値あるバカを見つけると必死で絡みつき、批判し揶揄するという行動を取り続けてくる。

害悪バカは、目立つ人や、キラキラしていそうな人をいかに蹴落とすかばかりを考えているが、害悪バカに目を付けられるようになったら、価値あるバカになれた証拠と考えてほしい。彼らの人生の主人公の座を奪ったわけだからだ。

また、自己過剰防衛型の害悪バカも、価値あるバカの活動を止めるように不安や恐怖を囁いてくる。そんな戯言を信じてはならない。

では、どのようにして自分自身、価値あるバカになっていくかであるが、それは他人の中にある害悪バカを忌み嫌って遠ざけ、自分の中にある害悪バカを消し去り、他人の価値あるバカな面を真似していき、そして自分の中にある価値あるバカに積極的に目を向け、過大評価し、自信を持ってその才能を目一杯引き出していくことだ。

バカさを自分自身に向け、常識に囚われずに思い切った想像力、行動力で新しいことに果敢に挑戦していけば、その過程できっとワクワクを周囲にばら撒くことになり、同じ価値あるバカの仲間も増えていく。

他人の価値あるバカと結びついてどんどん価値あるバカを増やしていけるだろう。

一方、その過程では、必ず害悪バカに絡まれるだろう。だが同じ人間として扱わず、インベーダーゲームの敵キャラと思って適当にあしらえばいい。そんなやつらによって自分の言動を変える必要はない。

日々の行動の小さな変化の積み重ねで、必ず自分の性格は変わっていくし、自分の周りに寄ってくる人も変わっていく。

他人の害悪バカも自分の中にある害悪バカも排除し、他人を小馬鹿にするような他人を主人公とする人生を改め、闇雲にリスクを過大評価する不安や恐怖心を補正して積極的な行動を心がけ、価値あるバカを意識して積み上げていけば必ず人生は変わる。必ず。すぐに結果が出なくても、いずれ必ず人生が変わる。

逆に、他人を小馬鹿にしたり、保守的でリスクばかり考えたりする生活を送っていると、周りには同じような性格の悪い陰湿でつまらない害悪バカが集まってくる。ゾンビのように増殖していく。いつの間にか自分でも魑魅魍魎《ちみもうりょう》とした底辺集団から抜けられなくなってしまう。

自分の少し先の人生を好転させるのも荒廃させるのも、全ては今日から一日一日の小さい積み重ね次第だ。

COLUMN

誹謗中傷の違法性の判断について概説

誹謗中傷として法的に違法となる表現は、特定の人に言及された表現に限られている。例えば「アンチは底辺のゴミ」と言っても、誰のことも特定していないので法的には絶対に違法とはならない。「アンチ」という属性に対して意見しているに過ぎないからだ。

これに腹を立てた人がいたとしても、自分のことを言われたわけでもないのに勝手に腹を立てているだけで、それは単に自分がそれに当てはまると自覚しているだけのことだ。

本書でも様々な害悪バカについて述べているが、誰のことも特定していないため、絶対に違法とはならない。なぜかアンチ活動している人にはこれが理解できない人が非常に多い。

また、特定の人に言及する場合にも、表現をした者同士の関係性は、違法性の評価において非常に重要な要素として考慮される。例えば、全く知らない人にいきなり「死ね」と言うのと、いきなり「死ね」と言ってきた相手に対して、「お前こそ死ね」と言い返した場合では、同じ「死ね」という言葉ではあるが、前者が違法になることはあっても、後者が違法になることはない。誹謗中傷となりうる表現をした経緯が全く異なるからだ。前者はいきなり絡んでいったわけで違法性は非常に大きいが、後者は売り言葉に買い言葉であってこの程度の言い返しは相当だと評価されるからだ。

そのため僕は自分のアカウントから不特定多数に向けて好き勝手に自分の意見は言うし、他人に絡まれた時はいくらでも言い返すが、いきなり特定の人に絡んでいくことはない。

第3章

害悪バカのトリセツ
SNS頻出型・
他者攻撃型

SNS頻出型・他者攻撃型総論

害悪バカとは、決して近寄るべきではなく、遠ざけるべき人物やその属性であることをお話ししてきた。

特にSNS頻出型で他者攻撃型の害悪バカのことは社会全体で忌み嫌っていかなければならない。

ただし、くれぐれも害悪バカとは、他人の中にも自分の中にもあるということを忘れないことだ。油断していると、自分の中の害悪バカが顔を出し、体内を蝕んでいく。

以下、害悪バカを様々な種類に分けて言語化してお話ししていくが、他人に当てはまる場合には客観視して、傷つかないように、また取り憑かれないように精神的な距離を取り、他方、もし自分に当てはまる場合には何とか抜け出していってほしい。

害悪バカを言語化して客観視できれば、精神的な距離を取りやすくなる。仮に物理的には離れることができない環境であっても、自分を汚されないようなマインドセットを保つことができる。

ただでさえ醜く気持ち悪い害悪バカであるが、性質や特徴を上手に把握できるようになれば、対等な人間と思うこともなくなる。害悪バカから危害を加えられても、インベーダーゲームで被弾したぐらいに思えるようになれたら、いちいち振り回されずに済む。

それでは、SNS頻出型・他者攻撃型の害悪バカについて、お話ししていきたい。なお、SNS頻出型・他者攻撃型の害悪バカと日常生活出没型・自己過剰防衛型の害悪バカは必ずしも完璧に区別できるものではないので、それぞれに当てはまることもある前提でご理解いただきたい。

他人を誹謗中傷するバカ

まずは、害悪バカの代表格である他人を誹謗中傷するバカについてだ。

これは、本書で最もお伝えしたいことの一つだ。

結論から言えば、他人を誹謗中傷するバカは、底辺中の底辺のゴミだということだ。そんなゴミからの誹謗中傷には絶対に負けないでほしい。傷つかなくていい。そんなやつらに馬鹿にされたからといって、やりたい夢や目標を諦めないでほしい。

他人を誹謗中傷するバカがいかに底辺であるか、その具体例をお話ししていきたい。ただ、いくら底辺な害悪バカだからといって、品位に溢れる僕は、具体的な人物を特定したお話をするわけにはいかないので、実際に起きたケースを抽象化したり複数のケースを繋ぎ合わせたりしてお話しする。この手の人物には自意識過剰が多いが、もしかして自分のことを言っているのかと勘違いしないでほしい。

僕は、直近3年間ほどで、自分自身の、あるいは、インフルエンサーと呼ばれるような、堀江さん、箕輪さん、立花さん、はあちゅうさん、しみけんさん、ゆたぼん親子らの代理人として、誹謗中傷に対する開示請求や損害賠償請求を扱ってきた。

他人を小馬鹿にする発言も、表現の自由の保障が及ぶため、なかなか違法とは評価されにくいが、大量に法的措置を取っていくと、中には違法性が認められるものもある。

そして、匿名アカウントから彼らに誹謗中傷していた人物をこれまで多数特定してきた。

代理人として活動する中で、実際に実物を見たことも何度もあったが、全員に共通して言えるのは、ほぼ全員ブサイクで、冴えないやつらという点だ。いい歳して小太りでハゲ頭を汚い色で染めあげ、非モテ・キモオタの勘違いポケモンみたいなやつまでいた。冴えない中年サラリーマンや、無職の家事手伝いババア、名刺だけ役員気取りの実質フリーターみたいなやつらばかりだった。

開示された住所を確認してみると、どいつもこいつも三匹の子豚が住んでいるような家に住んでいる。さすがに藁の家ではなかったが、ウザギ小屋ばかりだ。僕と同世代のくせに僕の家の一日分の家賃にすら満たない家に住んでいる底辺もいた。依頼者の中には、開示請求で特定した相手の生活があまりに貧しいため、可哀そうになってそれ以上の追及はしなくていいと言ってきた人さえいる。

実名で絡んでくるバカもいるが、僕に絡んでくる雑魚弁護士の顔写真を一覧にして友達に送ったら、吐くからやめてくれと言われた。

あまりに貧相で哀れなので、せめて名前だけでも可愛いものにしてあげようと、ここでは誹謗中傷する害悪バカのことを「子豚」と読んであげようと思う。

このように誹謗中傷する害悪バカは、うだつがあがらずみすぼらしい生活をしていて、全く実績がないにもかかわらず、自意識だけは過剰で、自分はやればできる崇高な人間だと思い込んでいる、プライドだけは一丁前の子豚だ。

歪んだ自己評価が、ヒーローを気取らせ、他人を誹謗中傷させるのだろう。しかし、その実体は、陰湿な性格、非モテでブサイクなキモオタ、貧しい底辺生活という三冠王プレーヤーの子豚だ。

誹謗中傷に悩み苦しんでいる人達は、自分にそのような言葉を投げかけてくる子豚が、普段自分がリアルで出会うような人間の最大公約数では決してないことに気が付いてほしい。リアルでは決して見かけないような、底辺中の底辺で、魔界のような場所から、こそこそと他人を傷つける言葉を投げかけているだけなのだ。

だから、誹謗中傷するバカについては、自分と対等の人間だと思わず、子豚だと思って適当に相手をしておけばいい。決してあなたが傷つく必要はない。場合によっては、僕や依頼者のように開示請求等の法的措置を取るのも手だ。子豚の正体を明かしてみると、なんだこんな底辺が絡んできていたのかと、悩んでいたことがアホらしくなるだろう。

なお、底辺といった表現を使うと、おまえこそ誹謗中傷だと言い出す子豚がいる。子豚の割にまともな言葉を話すのは大したものだが、誰のことも特定していない表現は、誰かに対する誹謗中傷にはなりようがない。それは単にそのような属性に対して述べているに過ぎない。これに怒り出すバカは、自らがその属性に当てはまっていることを自覚して前足を挙げて立候補してきた子豚なのであろう。

さて、誹謗中傷するバカのことをこれだけ子豚子豚と言っていると、少しだけ可愛く思えてきたのではないだろうか。今後、あなたに誹謗中傷するバカがいたら、子豚と思って脳内変換してみてほしい。ちょっと気が楽になるどころか、笑ってしまうのではないだろうか。

こういうマインドセットで、誹謗中傷なんかに負けないでほしいブー。
そしてもちろん、みなさんはそんな誹謗中傷する子豚に成り下がってはならない。

いっちょ噛みをするバカ

おそらく法律家の考え方では、誹謗中傷とは基本的に違法行為となるような悪口を意味すると思うが、違法行為ではないいっちょ噛みやウザ絡みをしてくるバカも多い。一般の方だと、こういういっちょ噛みも含めて誹謗中傷と考えている人も多いと思う。

誰かを批判したり指摘したりして、相手の行動や考えを変えることができるのは信頼関係のある間柄において、相手の立場に立って相手の価値観や考えを尊重しつつ慎重に丁寧に話をした場合だけだ。

それにもかかわらず、いっちょ噛みをして、相手を批判したり、小馬鹿にしたり、揚げ足を取ったりするバカが非常に多い。これは何らかの生産的な言論を目的とするものではなく、ただ相手を小馬鹿にして一瞬勝ち誇ることを目的とするものであろう。こういうバカは、正当性だとかもっともらしいことを述べるが、海の物とも山の物ともわからんやつの意見など真摯に耳を貸す人間はいない。

リアルな人間関係のある間柄ですら生産性のないそのような行為を、全く人間関係のないSNSでするバカも非常に多い。本来、SNSの方が知らない相手である分、リアルな場以上に礼を尽くし、慎重に発言するべきなのだが、そんなことも理解できずに正当性を高らかに宣言することが社会正義と思ってしまっている。

挙句の果てには、違法行為ではないから我慢しろと開き直るバカもいる。確かに違法行為でなければ、本来は何をしてもいい。だが、違法行為でなくても相手が不快な思いをすることはしないでおくのが良識だろう。

それができないようなバカには、違法行為とならない範囲でいくらでも罵詈雑言を投げ返してやればいいし、法的措置も取りまくってやればいい。そんなやつらを対等な人間と考える必要はない。

表現の自由に基づく正当な意見論評であり、違法行為ではないのだから不快に思っても我慢しろと平気で言うバカには、こちらも裁判を受ける権利に基づく正当な提訴をしまくってやるが、当然我慢してもらおう。

このように、いっちょ噛みに対しては、幅広な法的措置を強く推奨している。ごく稀に訴訟提起自体が違法行為となってしまう可能性もあるが、いっちょ噛みの中で、一線を越えて違法行為と認定される割合の方が遙かに多いのだから仕方がない。違法行為を含めて表現の自由を高らかに宣言するゴミ達に文句を言われる筋合いはない。

いっちょ噛みへの法的措置の有無と結果としては、次の3パターンが考えられる。①言われるがまま放置、②法的措置を取るが負ける、③法的措置を取って勝つ。

このうち、③となるのが一番いいが、それは裁判所の評価次第だ。投稿内容自体は客観的に確定しているので、それをどう評価するかは裁判所にお任せでいい。

結果的に勝てない案件であれば、選択肢としては①か②となる。だが、言われっぱなしよりは、結果的に負けるとしても相手を裁判に引きずり出して、当事者意識を持たせるべきだ。というのも、いっちょ噛みしている人物の大半が、陰から物を投げているだけの卑怯な人物ばかりだからだ。きちんと当事者として土俵に上がってもらうのが筋だ。

他方、敗訴したところで、大してデメリットがない。敗訴すれば害悪バカはさらに声高にキーキー騒ぐが、それは元から変わらないのであって、改めて負うリスクは何もない。

こう考えてみると、ゲーム感覚で面白そうではないか。まさにバカを相手とするインベーダーゲームだ。法的措置を取れば余計に評価が下がると文句を言っているバカがいるが、こちらにマイナスの影響があるかどうかはこちらが決めることだ。楽しんでいこう。

是々非々で判断ができないバカ

害悪バカは、物事を自分の頭で具体的に判断することができない。そのため、一度気に入らないと思ったら、その人のやることなすこと全てが悪いと思い込み、無理やりにでも批判ばかりしようとする。坊主憎けりゃ袈裟まで憎いというわけだ。そもそも大して人間関係がないのにそれだけ他人を憎む精神構造をしている時点で、筆舌に尽くしがたい粘着質でキモい性格だ。さらに、人は誰しも良い面と悪い面があるのに、それを判断することができなくなっており、一方的な評価しかできないという頭の悪さを併せ持っている。救いようがない。

SNSでアンチ活動をしているバカは毎日延々と誰かを罵っている。是々非々で判断できないバカは、僕の依頼者であるはあちゅうさんやゆたぼんに絡んでいるようなアンチに多い。こういうバカのSNSのタイムラインを見ると、いろんな人に絡みにいっていることがわかる。他方、プレゼントキャンペーンには片っ端から応募するという乞食行為をしている。要は、そいつの人生は何もかも他力本願で、他人への批判と他人からのお恵みで成り立っているのであろう。

一度誰かを嫌いになると頭が狂ってしまうのだろう。日々ターゲットに恋焦がれた状態になって、全く冷静な判断ができなくなり、やることなすこと全てにケチをつけずにはいられなくなっている。

そのバカの言い分を前提とすると、インフルエンサー達には欠点ばかりで目も当てられないから、その欠点をわかってもらうために乱暴な言い方をしてまで指摘しているのであろう。しかし、彼らインフルエンサーは、バカなアンチよりもよほど自分の好きなように生きて、人生を謳歌し、活躍しているのだ。誰が、底辺アンチの声に耳を貸すのだろうか。

もちろん、ターゲットとされる側にも欠点はある。しかし、そんなことは本人達もわかっている。そもそも、欠点がない人間などいない。彼らはちゃんと身近にいる家族や友人や、自分の活動によって出会えた尊敬できる人間から助言をもらっている。一般人以上に、意義あるアドバイスを受け、それを生かしている。大丈夫だ、心配する必要はない。どこの馬の骨かもわからん雑魚の助言は不要だ。

例えば、ゆたぼんであれば、彼は確かに小学校も中学校も不登校状態だ。しかし、そんなことはほかの家庭には一切影響がない。一つの家庭が不登校を許容しているからといって、社会に何の影響もないのだから、いちいち批判する必要もない。他方、ゆたぼんは学校に行かない分、YouTuber、日本一周、ボクシングなどと、同世代の子供がやらないことにいろいろと挑戦している。不登校が気に入らないなら、それは無視しておけばよく、逆にゆたぼんの活動の中で真似して面白そうなことやプラスになりそうなことがあれば、それだけを取り入れればいいだけだ。

他人が発信する情報など、マイナスの情報だと思えば無視し、プラスの情報だと思えば受け入れればいい。世の中の情報には取捨選択の自由があるのだから、本来マイナスの情報など存在し得ない。プラスかゼロだけだ。

そう考えると、他人に対しては是々非々というよりも、是しかない。

このように生きていく方がよほどポジティブだ。

しかし、頭が悪くて性格が歪んでいるバカは、何か欠点があると思うと、精一杯批判している。無視しておけばいいのに、全くスルースキルがない。スルースキルがないとは、いきなり絡んできたバカをスルーできないことではない。自分に絡んできたバカを打ち返すのは具体的な危害を受けているわけだから当然であって、スルースキルがないとは、自分に何の危害もないのに他人に絡んでいくことを止められない状態のことだ。

このように許容性がなく、何か嫌いな要素があると、その相手の良いところも全く受け入れられなくなるような度量の狭いバカは、生きていくにも嫌いなものだらけでストレスの多い人生となっていくだろう。

例えば就職してもその組織のことを一つ嫌いになると全てを悪く考えるようになるだろうし、リアルな人間関係においても相手の欠点を許容する余裕がなく、１００％自分が気に入らないと許せなくなって、何もかもダメだと烙印を押していくことになる。

これでは、どんな物事や人に対しても、深くのめり込むことはできなくなる。なぜなら、どんな物事でも人でも必ず欠点はあり、それを理解して受け入れることは人が生きていく上で欠かせないからだ。

これに対して、頭が良く、人に対して優しく許容性のある人は、他人に対しても、是々非々で判断している。悪いところは悪いが、良いところは良い、という冷静で公平な考え方を持っている。

どちらの考え方が性格が良く、幸せな人生を送れるかは明白だろう。

是々非々で判断できないバカを見かけたら、他人を悪く思っているうちに、どんどん許容できる世界が狭くなっていく可哀そうな人だと思っておこう。

他人の批判しか生き甲斐のないバカ

自分自身に存在価値がなく、何者でもない雑魚に限って、毎日一生懸命他人の粗を探し、他人を批判することでヒーローを気取ろうとしている。社会の害悪であり、ゴミだ。

こういうバカは何のために生まれてきたのであろうか。親や子供がこのバカを見たらどう思うであろうか。自分の子供に「うちの親はいつもインターネットに張り付いて、会ったこともない他人のことを批判し続けて頑張っているんです」と言わせるのだろうか。

彼らは、他人の批判しか生き甲斐がないため、もしターゲットがいなくなってしまったら、何もすることがなくなってしまうだろう。アンチ活動でわずかな小銭を稼いでいる乞食までいるが、まさにターゲットが存在してくれていることが生活の支えになっている。

僕や僕の依頼者のアンチにもこのようなバカは非常に多い。こういうバカ達は、他人を批判するために、他人の言動に毎日張り付き、全ての発言を証拠に残し、大切な思い出アルバムのように保存し、何か批判できる材料はないかとストーカーし続けている。もののけのようであるが、その執拗さは前世がナメクジかコロナウイルスであろう。

以下のような、笑わずにはいられない話がある。はあちゅうさんがナッツアレルギーだという投稿をし、その数年後にナッツを購入したという投稿をした。そしたら、「ナッツアレルギーのはずなのに嘘つきだ！」と批判されたことがある。

確かに、ナッツアレルギーなのにナッツを購入しているのはおかしいと言えるのかもしれない。しかし、よく考えてほしい。全ての種類のナッツがダメなのかもわからないし、アレルギーと一言で言ってもピンキリだ。程度が軽いアレルギーだが、味は好みだから、我慢して味わっているのかもしれない。猫アレルギーの人が痒くなるのを承知で猫を触るのと同じだ。また、そもそもいくらインフルエンサーだからといって、SNSの投稿など、その時その時に思いついたことを発信しているだけだ。公文書のような厳格さが求められる性格のものではない。ましてや、ナッツアレルギーかどうかなど、どうでもいいことだから、誰もそんな投稿に厳格さを意識して発信しないのも当然だ。

読者のみなさんも、全くどうでもいい話過ぎて、失笑されることだろう。

しかし、底辺のアンチは、せっせとはあちゅうさんの投稿をスクリーンショットで保存し続け、何年も離れて投稿された2つの投稿を照らし合わせ、嘘つきだと罵ったりしている。自分達は、匿名アカウントから適当な批判を展開している割に、相手には理不尽に厳格な発信を求めて、独自の裁きを与えるという尋常ではない執着心を見せている異常者だ。

そこまでして、会ったこともなく、お互いのリアルな人生には何の交わりも影響も及ぼさない相手に執着し続け、批判を展開しているバカは底辺のゴミだ。そいつの人生の主人公は完全に他人になっている。ターゲットがいなければ、無味乾燥とした人生になってしまうだろう。まさにもののけ、妖怪の類であり、社会に生存価値のない害悪バカだ。

また、タチが悪いのが、SNSで瑣末な批判を展開している弁護士達だ。一見国家資格を有しまともに見えなくはない人物が、普段自分達にはまともな支援者がいないからなのか、このようなアンチ活動を延々と続けているバカに賛同し、一緒になって批判ごっこをしている。だからこそ、もののけ達もさらにヒーロー気分を感じているのかもしれない。

さらに、害悪バカも一定の集団になると、その集団内でカーストができ、いかにターゲットをうまくバカにできたかを語り合うようになる。もはやカルト集団だ。

このような活動は非常に危険だ。SNSを眺めていれば無限に批判すべき人や物事は見つかるだろう。人も社会も完璧なものはどこにもなく、欠点があって当たり前だからだ。それらを日々批判して過ごしていれば、自分は一歩も動かなくても、毎日他人を評価して制裁した気になれ、自分が偉くなったような気分に浸れるし、制裁欲も満たせるため楽しいのだろう。ターゲットは無限に存在し、低コストでいつまでも楽しんでいられる。

しかし、本当にいつの間にかこのヒーロー気取りの楽しさから抜け出せなくなっていく。リアルな実績も思い出もないまま、他人を批判して小馬鹿にして、同じような陰湿なフォロワーを集めただけのクズになってしまう。

いずれにしても、こんなもののけ達のような底辺な人生を送らずに済んでいることを感謝しよう。もしこのような行動を取っている人がいたら、いくら楽しくても必死に止めなければならない。

アンチ活動のために仲間集めをするバカ

リアルでもSNSでも、誰かに敵対して攻撃するために徒党を組むバカがいる。自分1人では悪口さえ言えず（言わなくていいが）、陰口を叩く仲間を集めたがるバカだ。集団でしか強がれず、集団になると強気になって相手を虐める卑怯者集団だ。

こういうバカは、他人を小馬鹿にする活動など正常な人からは一切評価されないことから、同じようなゴミ仲間を探して、互いに称え合うのだ。

だいたい友達や仲間というのはお互いの人生をより豊かにするために集まるものだ。他人を批判するという生産性のないネガティブな活動のために集まるなんてロクでもない。

しかも、そもそも大して知らない他人に突っかかっていくこと自体がキモくて陰湿な行為であるにもかかわらず、彼らは数が増えてますます傲慢になり、同じような腐った集団に入ってしまうことで、自らの醜さに一層気付けなくなってしまっている。生きている価値がなく、実質死んでいるゾンビ集団のようなものだと思っていい。

そしてゾンビ集団の中で、いかにターゲットを小馬鹿にできたかを競い合うようになっていくから、ますます性格も人生も澱んで腐っていく。

挙句の果て、仲間の集まりが悪いと、複数のアカウントを駆使して一人二役三役をこなすようになるバカさえいる。僕の依頼者のアンチでも、何人かのバカがそれぞれ複数アカウントを用いて粘着していた。

どうせ仲間を見つけるのであれば、周囲にワクワクを散りばめられるような集団を組成しよう。いくら気が病んでいる時でも、くれぐれもゾンビ集団の仲間に入ってはならない。ゴミ達は必死で仲間を増やそうとするから、気を許すと取り込まれてしまい、本当のゾンビのように感覚がなくなり、いつまでも前向きな人生を送れなくなってしまう。

物事の本質を理解できないまま問題があると結論付けようとするバカ

何か他人の言動を見かけた時に、純粋にそれに対してどう感じるか、どう思うかではなく、まず何か問題点がないかを間違い探しのように探るバカがいる。

例えば、大して法律に詳しくもない素人バカが、それらしい法律を適当にネットで調べて、無理やり当てはまるのではないかと考えて、違法の疑いがあると言ってしまうようなケースだ。バカには難しいことを理解する知能がないことを自覚すべきだ。

本来、法律やルールというのは、何か問題が起きた時に、それをどのように評価し、規制し、ペナルティを課すかというツールに過ぎない。一見誰も被害を受けていないのに、無理やり何か法律違反やルール違反を指摘できるのではないかと考えるのは手段と目的が逆になっている。

こんな発想で物事を考えていたら、被害者がおらず誰が困っているわけでもないのに問題ばかり増やしてしまい、息苦しい世の中になってしまう。

また、そのバカ自身も、常に他人が気付かない法律違反やルール違反を暴き出して制裁してやろうと粗探しをし続ける人生になってしまう。

僕が経験した一例を挙げると、以前、僕は南米のゲストハウスで、相部屋の人達について、顔を写さずに写真を撮り、ＳＮＳに投稿したことがあった。すると、バカ達がこれに対して、盗撮だ！違法だ！と騒ぎ出したことがあった。

ちなみに、被写体の許可は取っていないが、少なくとも日本法では何の問題もない。まず、違法行為という意味での盗撮とは被写体の許可のない撮影全てを指すわけではない。そんなことがまかり通るのであれば、人が誰もいない場所でしか撮影ができなくなる。

日本法で違法行為という意味で盗撮とされているものは、通常、衣服を着ているはずの部位や下着を写すようなものや、トイレや風呂場のような脱衣が予定されている場所での撮影に限定されている。

これとは別に刑事罰ではない肖像権侵害もあり得るが、被写体が誰であるのかが特定できることが前提だ。誰か特定できるような形での撮影の場合には、撮影場所、公共性、撮影動機、撮影態様等から社会的に相当な範囲内かどうかで肖像権侵害になるかどうかが決まるが、公共の場所ではそう簡単には違法行為にはならない。

つまり、ざっくり言うと、特別な肌や下着の露出がなく、撮影場所が、通常脱衣がされる場所ではなく、被写体が誰なのか特定できない、あるいは特定できても社会通念上相当な態様での撮影は日本法では違法行為ではない。

さらに、これは日本法の考え方なので、南米の現地法は全く不明だが、いずれにしてもバカが僕の行為を違法行為であると言える明確な根拠は何もない。

バカに知識がないのは仕方ないが、そもそも撮影行為で第一に守るべきは被写体の権利であって、被写体が誰かもわからず、しかも南米での写真を日本人が主に利用する環境のSNSアカウントで投稿したところで、誰に不利益があるというのか。

バカは、正義の味方を気取って制裁欲を振りかざすのが目的のため、誰かが不利益を被るとか、具体的な問題があるかどうかを考えもせず、何とかして法律やルール違反だと言えないかをバカなりに試行錯誤するという、全くもって頭が悪いだけでなく性格も歪んでいる底辺だ。

本来自由な行為を、バカの思い込みで監視し、批判し、事実上規制してもいいかのように思うバカ達が増えれば増えるほど、社会から自由がなくなり息苦しくなるのがわからないのか。想像力がなく、物事の本質もわからないバカは、害悪でしかない社会のゴミだ。

認知が歪んでいるバカ

他人を主人公とする人生を歩んでいるバカは、毎日他人の言動を観察し、粘着し、いかに批判できる粗を探せるかに必死な人生を送っている。

そんな活動をしているせいで、認知がすっかり歪んでしまっている。

はあちゅうさんのアンチの例で言えば、はあちゅうさんが以下の投稿をしたことに対して、一斉に批判がされ、炎上状態となったことがあった。

「今タクシーに乗ってたら、タクシーのおじさんが、ネット決済の方法がわからないってなって、会社に電話してもなかなか繋がらなくて、タダでいいよって言われたから、今日会った人達にお裾分けしようと思って持ち歩いてた小夏を渡した。小夏で支払ってしまった・・・。いい人・・・。優しい世界・・・。」

これに対して、アンチ達は、彼女がタクシー料金を踏み倒したとして、猛批判をしたのだ。

しかし、どこからどう見ても、タクシー運転手が自らタクシー料金の債務免除をしただけであって、彼女が支払いを拒否したわけではない。実態としては、ネット決済を試みたもののうまく決済できたかどうかわからず、ただ料金はワンメーターくらいだったし万が一決済できていなくても構わないと言われたという話だったのだが、これを良しとするかどうかはタクシー運転手次第であって、全く関係のないアンチではない。

また、別のケースで、はあちゅうさんが息子（当時生後4～5か月）にジョリージャンパーを使わせていた時のことだ。ジョリージャンパーとは、画像検索してもらったらすぐに理解できるが、抱っこ紐のような遊具だ。乳幼児がぶら下がって固定されて転倒しない状態で、飛んだり跳ねたりしてバランス感覚やリズム感覚を養う、室内の狭いスペースでも利用可能な乳幼児用の運動器具だ。

彼女が、息子をジョリージャンパーで遊ばせていたところ、遊び疲れた息子が急に寝落ちしてしまった。その意外な寝姿が可愛くてSNSに投稿したところ、彼女がジョリージャンパーに息子を吊りっぱなしにして虐待しているとか、グッタリして寝るまで何時間も乗せていた、といった批判が相次ぎ炎上したのだ。それどころか、集団になってバカなアンチが児童虐待の通報をしまくったらしい。

彼女の息子を育てるのは、母親である彼女以外におらず、彼女を攻撃すれば、それだけ育児に手が回らなくなるだけなのだが、そんなことすら理解できないのか。

そもそも、彼女が実際に息子の目の前にいたからこそ、その様子を撮影できているのであって、放置していたわけがないのはもちろん、ＳＮＳに投稿した10秒ほどの映像をもって、どうして長時間乗せていたという憶測が成り立つのか全く不明である。

ちなみに、はあちゅうさんに対して、タクシー代金を踏み倒したとか、児童虐待をしているといった匿名の投稿者に対して法的措置を取ったことがあるが、いずれも名誉権侵害で勝訴判決となっている。

このように、アンチは批判したい、制裁を加えたいという欲が強すぎるがあまり、客観的な情報としては何の根拠もない虐待を基礎づける事実を勝手に誤認識してしまうのだ。

その上、バカなのに自分は優秀であると思い込んでいるために、自分の認知の歪みを補正することもできず、ゆえに、それを堂々と他人にぶつけてしまうのだ。

他人の欠点にばかり目がいくバカ

性格が悪く許容性がないがゆえに他人の欠点にばかり目がいくバカがいる。

人は誰しも長所もあれば短所や欠点もある。

むしろ、人の時間は有限で平等なのだから、長所を伸ばすことに力を割けば、それだけ短所や欠点ができやすくなるのも当然だ。

それにもかかわらず、他人の欠点にばかり目がいく人は、毒にも薬にもならない平均的な人ばかりの世の中を求めているのであろうか。短所や欠点をなくすことに力を注ぐことは、平凡な人を生み出すだけだ。

飛び抜けた長所がある人もいれば、わけのわからない欠点がある人もいて、そういう人達が混在している社会の方が面白くないだろうか。飛び抜けた長所で社会を牽引しつつ、その副作用として生じる短所や欠点はみんなでカバーしていけばいい。

同様に、自分自身に対して、欠点があることは何ら気にすることはない。欠点がある分、必ずほかに長所があるということだ。

その長所で人を惹きつけることはできるし、長所を発揮すればむしろ欠点があることが愛嬌になって愛される要素となることもある。

欠点は、そこだけを見るから一見マイナスな要素に感じるのであって、その人全体で見れば、欠点こそ長所を伸ばしてきた証拠なのだ。そんなこともわからず欠点にばかり目がいくバカは、取り立てた長所のない魅力のない雑魚なのであろう。相手にする必要はない。

他人の長所に気付けるポジティブな人間になろう。

正義中毒のバカ

正義中毒のバカも非常に厄介だ。

正義という目的は一見絶対的に正しいように見える。そのため、正義を振りかざす自分をヒーローと思って酔いしれ、その快感を覚えてしまい、歯止めが利かなくなり、正義のためなら何でもいいという、バランスを失った考えに陥りがちになる。

例えば、はあちゅうさんが複数の児童虐待通報を受けたという話をしたが、この時、とある弁護士はTwitter上で、児童虐待は子供の保護のために必要だから躊躇せずに積極的に通報しようといった趣旨の発言をして、アンチを煽っていた。

確かに一般論としては児童虐待は社会で監視すべきであるし、ある程度具体的な可能性があれば通報をためらうべきではない。

しかし、先程のケースはどう見ても虐待でも何でもなく、言いがかりにほかならない。こんな言いがかりに対して、あたかも正義の味方を気取るのは、単に歪んだ正義感と言わざるを得ない。

児童虐待を防止するという綺麗な目的を掲げることで、根拠のない憶測による抽象的な可能性だけを頼りにした強引な児童虐待通報まで正当化しようというのは、正義中毒に侵されてバランスを失っている状態だと言えよう。

こんな正義中毒で極論に走るのであれば、どこかで泣いている子供を見かけたら、全件徹底的に児童虐待通報をしようという通報合戦にさえなってしまう。

こんな歪んだ正義感や制裁欲は決して持つべきではないし、そのような人間はただのモラハラ野郎だ。関わらないようにしよう。

他方、正義を自称することは非常に気持ちが良く、安易にヒーローを気取ると抜け出せなくなり、歪んだ自尊心が膨張していくので気を付けよう。

無責任に批判するバカ

自分は表舞台に出てこず、陰から文句を言っているだけのバカは、往々にして自分が言ったことに責任を取らない。

手当たり次第気に入らないことを一生懸命探してきて批判しまくるだけだから、占いと同じく、当たるも八卦当たらぬも八卦だ。

中には当たるものも外れるものもあるが、批判が的中すれば闇を暴いたとばかりにいつまでも批判し続けるくせに、批判が的外れだったとしても訂正することも謝罪することもなく、自分はヒーローだと思い込んでいる。

まさに占いと同じで、適当なことを言って、当たった場合には予言通りと言い張り、外れたとしても元から責任などないのと同じだ。

ゆたぼん親子が日本一周という企画のため、車で日本各地を周っていたことがあったが、アンチから「駐車違反で切符を切られているのを目撃した」という投稿がなされたことがあった。ゆたぼん親子が使っていた車は様々な絵が描かれたトラックで、ほかの車と見間違いようがないのだが、その後、お父さんの免許更新時に無事故無違反認定されていることが明らかとなり、その投稿はデマであることが判明した。

しかし、違反していると散々批判していたバカ達から一人も訂正も謝罪もない。

このようにバカは、自分はリスクを負わずに言いたいことを言っているだけだから、それだけ言っている中身も適当だ。

全く信用ならない無責任なゴミの意見など聞くに値しない。

もちろん自分が他者を批判する場合には、十分に責任を持ち、それが間違っていた時は訂正して謝罪する覚悟で発言すべきだ。それでこそ周囲からの信頼を得ることができる。

善意なら何でも良いバカ

正義中毒というほど、圧倒的に心地良い正当理由がある場合でなくても、善意なら何でも許されると思っているバカがいる。

善意とは、そいつが主観的に良かれと思っているだけであって、相手にとっても良いことかどうかは全く根拠がない。おせっかいどころかただの害悪なこともある。

僕がヨーロッパを一人旅していた際のことだ。フレンチを連日食べ過ぎて胃腸の調子が悪くなり、深夜に猛烈な胸やけによる痛みと吐き気が止まらず、寝られないことがあった。その時、何か良い対処法でもないかと思って、SNSで呟いたところ、万が一のことがあってはならないという理由で、今すぐ救急車を呼ぶべきだと言ってきた人がいた。あまりに馬鹿げているので無視していたら、わざわざ電話をして忠告してきやがった。

本人は善意で良かれと思ってしているのかもしれないが、そもそも医師でもなく、かつ、実際に僕を目で見て診察したわけでもない人が、どれだけ的確な判断ができるというのか。しかも、海外にいて、どこの病院がいいかもわからず、費用がどれほどかかるかもわからない中、何者かわからん人物の助言を聞いて、海外で救急車を呼ぶはずがない。

しかし、こういうバカは、自分は良いことをしているという幻想に浸っているため、冷静に考えられず、相手にとって良い助言かどうかといった発想すら失っている。

善意とは、あくまでもそいつの主観的なものに過ぎず、相手にとっても良い話かどうかは全く根拠がないことを忘れてはならない。有難い善意は受け入れるが、そうでないおせっかいは無視するだけだ。

もちろん他人にもこのようなおせっかいは無用だ。

価値観やモラルを押し付けてくるバカ

害悪バカである根本的な原因は、そのバカさ加減を他人に向けているところであり、それは価値観を押し付けるという形でよく表れる。人がどんな価値観を持とうが勝手であるが、他人に押し付けてはならない。

SNSでも、自分のアカウントで好き勝手に発信しているだけであれば自由であるが、他人の投稿にわざわざ絡みにいって、その考えは違うと思いますと踏み込んでくるバカがいる。そんなことをしたところで、海の物とも山の物ともわからんやつの意見など聞くはずもないのに、そんなことさえ理解できない知能レベルのバカだ。

よほど自分の価値観に自信があるのかもしれないが、仮にそいつにとっては正しい価値観であっても、他人にとっても正しいという根拠など全くない。

例えば、著名人の性犯罪がニュースになったとする。性犯罪は刑事罰も科せられる事件であるから、これに批判がされるのは当然だ。価値観とは関係なく、批判を受けるのもやむを得ない。

では、不倫についてはどうだろうか。確かに民法（私法）では不法行為となるが、刑事罰（公法）が科せられる行為と異なり、あくまでも当事者同士において違法行為であるに過ぎない。こんなものまで、第三者が批判すべきだろうか。

さらに不倫でもない女遊びについてはどうだろうか。もはや私法上も違法行為ではない。程度によって女遊びは下品だし、モラルに反するという見方もあると思うが、そんなことは当事者間で決めることだ。

第三者にとってどれだけ価値観に反して不快を感じたからといって、当事者でもないのに、他人に押し付けるべきではない。

それでも著名人側が批判されるのは、著名人は品行方正に生活しろということであろうか。彼らは何かに長けているからこそ、タレント活動やスポーツ選手といった華々しい活躍ができているのであって、その裏に何か劣る面があっても、全然構わないと思う。

むしろ、スポーツの大会であれば、品行方正な人に限定した人達を集めた中での一番ではなく、素行は何でもいいからともかく世の中の一番を見てみたいと思う。

また最近だと、マスク着用のトラブルについても言えるだろう。

マスク着用は、日本では一度も義務化されたことはなく、いつでもどこでも任意で選択すればいいはずだ。任意というのは、仮に周囲の1万人が同じ行動をしていても、1万1人目は好きに決めていいということだ。これが現代の法治国家における高度な個人主義、自由主義だ。

それにもかかわらず、「お願い」、「ご協力」という言葉を盾にマスクを強制するケースが相次ぎ、トラブルとなった。多数に迎合することを良しとする日本社会では、多数派に合わせないと社会の敵とみなされ、常識外れで身勝手な行動をしていると糾弾された。

しかし、これは多数派から少数派への価値観やモラルの押し付けにほかならない。厄介なのは、多数派によって、少数派の意見が小さく感じてしまう点だ。価値観やモラルの話である以上、正解は1つではないのだが、多勢に無勢となってしまうのはおかしい。

本来、少数派であっても任意である以上、マスク非着用者が責められる理由はない。これを嫌がるのであれば、本来、多数派の方が同じ空間にいることを避けるべきだ。なぜなら、自由主義においては、自分自身が自由に選択することは許されるが、他人の自由な選択を強制できる根拠は何もないからだ。社会において自由を認めるとは、他人の自由な行動の結果、自分が不快な思いをするとしてもそれを許容しなければならないという意味だ。

著名人の件にしても、マスクの件にしても、いずれも多数派が少数派に価値観やモラルを押し付けている例だが、こういうバカ達は自身の正しさを信じており、しかも多数派となると数の原理で自らの陣地に絶対的な確信を持ってしまう。そのため、自省することができず、もはや矯正不可能となってしまい、自らのバカさに気が付くことができなくなる。

しかも、こういうバカ達は、結局モラルや常識という曖昧な根拠しか頼るものがないため、自分が少数派となれば途端に何も言えなくなるバカばかりだ。現に今では誰もマスクをしないが文句を言う人はほとんどいなくなった。マスクをしないことが正義なのであれば、これからも着用し続けるべきだろう。

ひとまず、少数派に入ってしまった場合には不快な思いをするかもしれないが、せめて冷静に判断できる人達で繋がり、多数派からの強制には、適当にハイハイと頷いておいて無視するほかない。

他人を許容できないバカ

害悪バカは自分の器の狭さから、許容性が著しく低い。

世の中ではいつだって個性を大切にしよう、多様性を認めよう、新しい挑戦をしようといった言葉が飛び交っている。しかし、本当に個性や多様性を伸ばせば社会の平均的な人達から外れてしまうし、新しい挑戦をすれば既存の価値観や社会を否定することもある。

逆に言えば、他人の個性、多様性、挑戦を推奨することは、それによる不快感を許容することを必然的に伴う。個性や多様性や挑戦というのは、社会が他人の活動による不快感を許容できる器があって初めて成り立つのだ。

しかし、許容性のないバカは、平均的な人達から外れた人や、既存の価値観や社会を否定することに強い不快感、抵抗感を覚え、邪魔しようとする。

同様に、イノベーションを起こす際にも必ず既存の社会システムを破壊することになる。当然ながら既得権益は衰退せざるを得ないのだが、バカはそれを必死に守ろうとする。

これらが理解できずに許容性のない害悪バカが多いから、個性も多様性も挑戦もイノベーションも起きないのだ。

日本の衰退は、こういう許容性のない害悪バカがもたらしているのかもしれない。

もちろん、価値あるバカは、個性や多様性を全開にして挑戦やイノベーションを次々と起こしていくため、害悪バカに絡まれがちだが、これを社会で保護していかなければならない。

瑣末な間違いで揚げ足取りするバカ

他人の意見や考えの趣旨を読み取らずに、些細な間違いを批判して揚げ足取りをするバカがいる。

例えば、誤字脱字や言葉の用法間違い、計算ミス、ちょっとした一貫性の欠陥等を指摘するようなバカだ。確かに形式的な表現の誤りはないに越したことはないが、大して重要でない取るに足らない間違いなどどうでもいい。コミュニケーションにおいては、趣旨に関して意味が通じればいい。

しかし、害悪バカは、誤字脱字や計算ミスのように客観的には確実に相手が間違っている場合こそ、反論される心配がないため、鬼の首でも獲ったかのように批判して勝ち誇ろうとする。

害悪バカは、コミュニケーションの本質が理解できず、瞬間的に偉そうに感じられればいいと思っている小物であるため、瑣末な間違いを好物として食いつくのだ。

本来、コミュニケーションとは勝ち負けではなく、相手の意見を相手の立場に立って聞き取り、また、こちらの意見を相手が理解できるように伝えることが大切だ。しかし、バカにはこういう姿勢が一切なく、意見の本質に全く関係のない瑣末な間違いに食いつくのは、勝ち誇ることを第一優先にしているからであろう。

ただの揚げ足取りの嫌われ者を真面目に相手する必要はない。SNSでもリアルでも、こういうバカは真面目にコミュニケーションするつもりのない人物だから無視しよう。

すぐに勝ち負けを意識するバカ

揚げ足取りをしたがるバカが湧いてくる理由は、意見を交わすことに、勝ち負けを意識しているバカが多いからだろう。

議論は本来勝ち負けを決めることが目的ではなく、様々な意見を交わすことによって、各々にとってより良い意見に気付く機会を増やすことが重要だ。

それにもかかわらず、いつも勝ち負けを意識して、いかに自分が小利口で、勝ち誇れるかを考えているバカは、これまでの人生でどれだけ競争に晒されてきたのであろうか。よほどの競争コンプレックスでも持っていない限り、こんな性格にはならないはずだ。

僕は、SNSですぐに喧嘩腰で絡んでくるバカやあまりに理解力がないクソリプを送ってくるバカのことはすぐにブロックしているが、そうすると別アカウントを作成してまで「逃げやがった」としつこく粘着してくるバカさえいる。

逃げたという発想があること自体、意見を交わすことを戦いだと思っているのだ。単に適切な意見交換ができるかできないかで、会話を継続するかどうかを判断すればいいのだが、バカはすぐに勝ち負けを意識して勝った負けたと言いたがる。

実際は、自分にとって有効な意見であれば参考にするし、そうでなければ参考にしないというだけのことだ。

論破という言葉も昨今流行っているが、本当に論破をしたところで何の生産性もない。議論とは意見を交わして昇華させたり、共通認識を抽出したりすることにこそ意味があり、相手を言い負かして論破などと勝ち誇ることは相手に恥をかかせるだけだ。

勝ち負けを意識する議論になった時点で、双方が生産性のない無駄な時間を消費しており、双方に負けているのと同じだということを自覚すべきだ。

こういう鼻息の荒いバカに絡まれた時はすぐにブロックしよう。

相手が逃げ出したと言うバカ

他人に絡みつき、粘着し、コメンテーター気取りでいっちょ噛みした挙句、ブロックされると逃げ出したと勝ち誇るバカもいる。Twitterでも自ら散々追い回した挙句ブロックされた画像を誇らしげに掲げているバカは非常に多い。

こういうバカは、勝ち負けを決める舞台で勝利し、こぶしを掲げているつもりなのであろう。そして、こういう底辺のお決まりの決め台詞が「効いている」というやつだ。自分の存在を過剰に考えているのであろう。

しかし、その相手からすれば、こんなバカとは最初から真面目に接していないだけの話だ。単に価値のない相手と思われたに過ぎない。

こういうバカは、賢者気取って正論を振りかざし、相手を打ちのめした気になっているが、実際は、その相手からすればそいつの顔面と性格がキモいから逃げたに過ぎない。絡まれた相手は、ある意味不快に感じることもあるから、そういう意味では効いているのであろう。しかし、それは部屋に変質者やゴキブリが侵入して来たら不快なのと同じで、その雑魚の意見がまともだからという話ではない。ただ気色悪いからブロックされているだけなのに、反論の余地がないことを言ったから逃げ出したと思い込んでいる。

そんな変質者だかゴキブリだかわからないバカのことは気にせず、逃げてしまえばいい。生理的に拒否すべきで、逃げて当然だからだ。

人を見下すバカ

人を見下すバカも多い。これはＳＮＳだけでなくリアルな場面にもいる。

彼らは、自分が何の欠点もない完璧な人間だと思い込んでいるのだろう。

他人を批判している人物はだいたいこれに当てはまる。人を見下していなければ、大して信頼関係のない他人を批判しようなどと思わないのが通常だからだ。

いくら立派な学歴や職業があっても、人を見下す発言をするバカは、自分を優秀だと思いこんでいる雑魚だ。

ちなみに僕は、一方的に絡んでくる害悪バカのことはとことん見下してバカにするが、そうでない人に対しては、たとえ年齢が下であろうが無職であろうが決して見下すことはない。その人なりの人生を送っていることを尊重するようにしている。

人を見下すバカについては、言いたいことを言わせておけばいい。相手に勝ち誇ることで、自分の人生では努力せずとも上から目線のポジションを得ようとするだけで、自身は一ミリも成長していない雑魚だ。

そんな性格の悪い人を心から慕っている人など誰もいない。何の影響力もなく、一見複数人で固まっているように見えても、全員雑魚だ。そんなやつらにどう思われようと、まともな人からの評価が落ちることはないので気にしないでおこう。

被害者を代表した気になって批判するバカ

炎上案件の大半が、一般の人々には関係のないことだ。

タレントが不倫をしようが、インフルエンサーが失言をしようが、TikTokerが炎上動画を投稿しようが、大抵一般視聴者には何の実害もない。

それにもかかわらず、バカ達は必死で批判し、当事者に謝罪を求めようとする。

被害者のいるケースであればまだしも、具体的な被害者のいないケースも多い。

また、仮に被害者のいるケースであっても、どういう根拠で、そのバカが実際に被害に遭った人を代表して謝罪を求めるかのような立場でいられるのだろうか。

例えば、スシローで少年が醤油さしを舐めて炎上した際に、国民の多くが一斉に批判していた。もちろん、あれだけの話題になってしまったので、一定の意見論評はやむを得ないだろう。

しかし、少年を特定して晒し上げ、いつまでもしつこく批判し続けるバカも多数いた。スシローの件で、被害者はスシロー自体とスシローの具体的な利害関係者くらいだろう。一般視聴者には直接迷惑をかけたわけではない。せいぜい動画を閲覧してしまって一瞬不快に感じたくらいだろうが、それも動画を拡散させた多数の第三者のせいでもある。

そして、株価を下落させたなどと、およそ法的に認められるはずもない仮想の巨額の損害を持ち出して批判を浴びせ続けていた。これはマスコミの煽り方にも問題はあるが、ただの虐めに過ぎない。

炎上の際には、炎上させた人物にも一定の非があることも多い。しかしながら、全国民一人一人に謝罪するようなものでは決してないのだから、逆に国民一人一人が、自分が被害者であるかのように批判することなどできない。

結局、炎上に加担するバカは、ここぞとばかりに野次馬として参加して制裁欲を満たし、日頃の憂さ晴らしをしているに過ぎないのだ。自分に直接関係ないことや、利害関係もないことに対して、あーだこーだ言うのはバカの証拠だ。事件が起こるたびに、被害者代表ヅラしてSNSを発信している人がいたら、可哀そうな人物だと思っておこう。

もちろん、そんなバカな炎上の輪に入ってはならない。

謝罪にこだわるバカ

炎上の際に、必死に謝罪を求め続けるバカがいる。

そもそも謝罪とは何の意味があるのだろうか。反省を促して、次からは同じ失敗をしないためであろうか。そうだとすれば、失敗の原因分析をして対策をしつつ、失敗に応じたペナルティが課せられれば済む。

そのような本質的な改善には目を向けずに、謝罪にこだわるバカは、その失敗による社会的損失を回避しようとしているのではなく、ただ相手に屈辱を味わわせ、勝ち誇って制裁欲を満たしたいだけだろう。

それも、国民の不特定多数に被害をもたらすような事件であればまだしも、国民一人一人には全く関係なく、被害者でもない無関係の野次馬が謝罪を求めるのは滑稽でしかない。

もう少し冷静に問題を受け止めるようにならなければ、逆に自分が問題を起こしてしまった時に感情で裁かれる世の中になってしまうだろう。

多数派に乗っかって批判するだけのバカ

僕の友人であり、最も尊敬している人の1人にメンタリストのＤａｉＧｏさんがいる。彼は、数年前にホームレスに関する発言で大炎上してしまった。確かに同じ人間でありながらも、ホームレスという一定の属性の人の生命を軽んじるような発言はすべきではなかった。

しかし、開き直るわけでもなければ、無理やり擁護するわけでもないが、ＤａｉＧｏさんがしたことは犯罪行為ではないし、特定の誰かを害するものでもないことも事実だ。それにもかかわらず、まるで彼が犯罪でもしたかのように、国民が一斉に批判した。炎上状態では、一人に対して圧倒的多数からの批判がなされることから、批判者側は圧倒的な数に守られて、一切反論を受けないノーリスクな状態で気持ち良く批判ができるのであろう。

挙句の果てには、過去に犯罪に関わって報道されたこともあるタレントまでもがＤａｉＧｏさんを批判し、正義のポジション取りをしていた。

繰り返すが、ＤａｉＧｏさんの発言はモラル的に許されないが、犯罪行為ではない。

何も言い返せない相手に対して、ここぞとばかりに勝ち確定側から制裁欲を貪っている精神性は、ハイエナと変わらない。

多数が誰かを批判しているからといって安易にそこに乗っかり、多数派に追随するのではなく、本当にそこまでのことなのかを各自で考えた上で意見をすべきだ。

むしろ、そういう時であっても、多数派の批判からは冷静に距離を置き、バランスの取れた言動を心がける人こそ信頼される人物と言えるだろう。

自慢してくるバカ

わざわざ自慢してくるやつもバカだ。この種のバカはリアルな日常生活にもSNSにも一定数いる。

そもそも自慢とは、対象となる相手と自分とが似たような価値指標を持っていて、かつ、自分の方が優れている場合に成立するものだ。しかし、必ずしも自分と同じ価値指標を持っているかさえわからない相手に自慢してくるやつもいる。

例えば、一般的にお金を持っていることは自慢のポイントになりやすい。しかし、人によってお金に対する価値観はまちまちだ。そのバカがお金を持つことについて抱いている自尊心ほど、他人はお金に大きな関心を持っていないかもしれない。

それにもかかわらず、聞いてもいないのにわざわざいくらお金を持っているだとか、いくら稼いだとか、どこどこの業界でどういうポジションにいるかといったことを話してくるバカがいる。まさにマウンティングだ。SNSで自分のアカウントから発信するだけであれば、ほかの人はそれを見るのも無視するのも自由なので好きにすればいいが(僕も自分のアカウントであれば好き勝手に発信する)、わざわざ直接送りつけてきたり、リアルな会話の際に自慢するバカには、劣等感は感じないが哀れさと気持ち悪さを感じる。

だいたい、全ての物事は自分の人生を豊かにするためにあるはずで、他人と比較して勝ち誇るためではないはずだ。 自慢するということは、そいつの人生では比較対象となる他人があって初めて価値を感じられるというわけであり、感性は非常に貧しいと言わなければならない。要するに、自分の人生なのにもかかわらず、自分の存在だけでは自分の価値を感じきれない雑魚だ。

こんなことさえ理解できずに自慢するやつは頭も性格も悪いバカなので、そんなバカに何を言われても劣等感を覚える必要などない。

他人に対して自己顕示欲や自己承認欲求の塊だと言うバカ

前項とは逆で、勝手に自慢されたと思い込むバカの話だ。

さきほどお話しした通り、自慢とは比較対象と自分とが似たような価値指標を持っていて初めて成立するものだ。

つまり、自慢されたと勝手に思い込むバカは、単にそいつの価値指標において本来手にしたかったものを、相手が持っているから自慢されたと思い込んでいるに過ぎない。もっと言えば、自慢されたと感じるということは、相手の方が優れていることを自覚してしまっており、無意識に劣等感を抱いているだけの話だ。

ちなみに前項の自慢してくるバカの話は、直接に自慢してくるバカの話をしたが、本項は、特にそいつには何も言っておらず、例えばSNSで不特定多数に向けて好きなことを自由に発信するだけの場で見かけたものについて、自慢されたと思うようなバカの話だ。

自慢されたと思い込み、勝手に劣等感を抱いた結果、もっともらしく自己承認欲求や自己顕示欲が強いなどと批判するのだ。そいつ自身が、承認されたいと渇望していることをその相手が有しているからこそ、承認欲求が強いと感じているだけにもかかわらず。

そして、大抵はその相手からすれば日常生活のありのままに表現しているだけに過ぎない。Twitterでハッピーな成功体験を発信するのも、Instagramで旅先の景色をアップするのも、ただの自己表現に過ぎないし、そもそもSNSとはそういうものだ。それにもかかわらず、自慢と受け取り、自己顕示欲の塊などと揶揄するのは、他人にとってはただの日常生活が、そのバカにとって手にしたい現実というだけだ。

つまり、勝手に地べたに這いつくばって下から見上げている底辺の雑魚だ。

僕も、以前、軽く炎上したことがあった。それは、同年代の友人と複数人でアパレルのECサイトを運営していた際、インターン生だった女子大生十数人と定例会をした時の話だ。ある日、定例会を僕の自宅で開催したことがあった。定例会といってもかしこまったものではなく、打ち合わせ後に懇親会としてお寿司を食べつつ人狼ゲームで遊んでいる様子をSNSに投稿したら、バカがわらわらと湧いてきた。

女子大生が何人もいたとしても、彼女達は業務のメンバーだ。未成年もいたから、昼開催だし、お酒も飲んでいない。写真撮影自体は各自が行っていて、女子大生達も各々のSNSに同様の画像を投稿しており互いに許可は取って楽しんでいる。

それにもかかわらず、多くのバカ達が、「パパ活だ」、「自己顕示だ」といった批判や嘲笑を繰り広げたのだ。挙句の果てには、寿司をどこで頼んだかを特定して値段が安いだの（確か1人3000円ぐらいだった気がするが、これより高ければまた別の文句を言うのであろう）、お茶がコンビニの商品だのと様々なことを言い合っていた。

また、人狼ゲームの性質上、お互いの名前を呼び合う必要があるのだが、知らない者同士もいたことから、胸に名札代わりにガムテープを利用した。これも人狼ゲーム界隈ではちょくちょく行われていることなのだが、その胸のガムテープもバカの好奇心を掻き立てたのであろう。

動物並みの知能と理性しかないバカは、このような画像を見せられると、もう止めることができずに食らいついてしまう。勝手に劣等感を湧き上がらせ、勝手に攻撃モードに入る。赤いマントを見せられたスペインの闘牛よろしく、フルスロットルのゴミ発言だ。

普段は自分が底辺に這いつくばっていることを隠して生きているゴミ達が、匿名のSNSだと遠慮なく、底辺さを剝き出しにできるのだろう。

法的にもモラル的にもどこにも問題はなく、画像からもそのような事情は一つもない。本来、何か気に入らなくても、相手の自由である以上、嘲笑することを踏みとどまるべきだ。それにもかかわらず、必死で小馬鹿にしようと騒ぎ立てるのは、過剰な自意識と致命的な底辺さから自慢されたとでも思ったのであろうか。

こんな集まりは日頃からちょくちょくしているものだ。女子大生で未成年もいるとなると夜に集まることはないが、今でもたまにカフェに行ったりランチ会をしている。女子大生以外でも、タレントやセクシー女優さんと集まってホームパーティー（本書は人付き合いに関する本なので、例示としてホームパーティーの話題が何度も出てくるがご容赦いただきたい）をすることもある。きっとこのような集まりもバカ達からすれば、何かケチをつけたくなるのであろう。

いずれにしても、どうでもいい他人の言動に対して、自慢されただの自己顕示欲が強いだのと感じている時点で、そいつは全く自分の人生を生きておらず、他人との比較の中でしか生きられない雑魚だ。他人にとって何気ない日常の一コマが、バカにとっては手に入らない特別な状況なのであって、だからこそ目をギラギラさせ、鼻血を垂れ流しながら、批判してしまうところが、彼らの非モテのキモさと性根が腐っていることを表している。

ＳＮＳは本来、自由な発信が許される場だ。基本的に、特定の誰かを意味もなく攻撃したり、他人に過度に干渉したりしなければ、何を発信してもいい。何気ない生活上の発見を投稿してもいいし、非日常の体験を共有してもいいし、自作のポエムをぽつりと呟いたって構わない。たかがＳＮＳであって、楽しむためだけに発信し、また閲覧すれば良く、気に障ることがあっても、それを自分好みに正す必要などない。不愉快だと思うことがあれば見なければいいだけだからだ。

自己承認だ、自己顕示だと言われても、それはただそいつが底辺の日常を送っているだけのことだ。気にせず発信し続ければいい。

他人に自己肯定感が低いと言うバカ

他人のことを自己肯定感が低いと揶揄するバカがいる。

どうしてこういう発想が出てくるかというと、自己肯定感とは誰しもが渇望している感情であることを前提に、それを満たせていないと言ってしまえば、相手をバカにしている気になれるのだろう。

しかし、そもそも自己肯定感とは、その人自身の価値観においてどれだけ納得のいく人生を送れているか、好きな自分でいられているかという指標を前提とする話であって、それはその人でないとわからない。

つまり、本当に自身で自己肯定感を日々感じ、高めている人であれば、自己肯定感とは極めて属人的なもので、他者からの正確な理解は困難であることを認識しているものだ。自己肯定感とは、他者からの理解を必要としない自己完結した感情にほかならないからだ。

それにもかかわらず、他人に対して自己肯定感が低いと言えてしまうバカは、他人の価値観や社会の価値観を前提とした自己肯定感しか考えたことがなく、自己肯定感がいかに属人的な感情なのかを理解できていないのだろう。

自己肯定感が低いなどと言ってくるバカは、そいつこそまともな自己肯定感を感じたことがない底辺の雑魚人生を送っているがゆえに、自己肯定感を一般論でしか語れないのであって、何を言われようが気にすることはない。

他人にコンプレックスがあると言うバカ

他人に対して、コンプレックスがあると揶揄するバカがいる。

コンプレックスとは、まさにその人の欠乏感の一面を示す言葉であり、それを揶揄することで相手に勝ち誇った気になれるのであろう。

しかし、そもそも完璧な人間はいないばかりか、人がどこにコンプレックスを感じるかはその人の人生を前提とするその人の価値基準でないと理解できない。

そして、コンプレックスとの向き合い方で大切なのは、その葛藤と共存しつつも前向きに生きていくというポジティブさと自分への許容性を持ち続けることだ。これは非常に属人的な営みであって、他者から容易に理解できるものではない。

これに対して、他人にコンプレックスがあると簡単に言えてしまうバカは、単に自分自身の欠点に向き合うことがないため、コンプレックスと向き合うとはどういうことかさえ全く理解できていないのだろう。

要は、何も自己成長せず、自分はよくできた人間だと思い込む、勘違いバカであるということだ。

コンプレックスに見向きもせず逃げているような雑魚に比べたら、コンプレックスを自覚して向き合っている人の方がどれだけ前向きで強い生き方であろうか。自信を持とう。

虎の威を借る狐バカ

自慢するバカの話をしたが、自慢の中でも他人の名前を利用するのは愚かでしかない。大して仲良くもない、あるいは多少関係性があっても全く自分とは親しくない人物の名前を、あたかも親しい友人であるかのように挙げたがるバカがいる。

例えば、僕が世界中のレストラン巡りをしていることをSNSで発信したら、何の対抗意識なのか、自分の友達には世界的に有名なフーディー（美食家インフルエンサー）がいると突っかかって来たやつがいた。

そもそも食事なんて人によって好みはまちまちで、他人がどうであるかは全く関係なく自己完結していればいいものだ。

それをわざわざ突っかかってきただけでなく、自分ではないどこかの知り合いの名前を挙げるさまは、雑魚キャラのクリボーが、ラスボスにはクッパがいますと威張っているのと同じだ。虎の威を借る狐のようなバカだ。

虎の威を借る狐のような雑魚だ。

決してそんなみっともない真似はすべきではない。

いつも怒っているバカ

なぜかいつも怒っているバカがいる。おそらく世間に対して様々なことに日々イライラしていて、ストレスが溜まっているのだろう。

イライラの根本的な原因は、本人が、社会は完璧であるべきで、自分はいつも正しいと思い込んでいるからだ。そのため、社会で何か自分の考えにそぐわないことがあると、相手が悪いと思い、怒ってしまうのだろう。**逆に、社会は自分のためにあるわけではないし、不完全なものだと考えていれば、いちいち怒ることもない。**

社会の様々な出来事に対して、イラつき批判的な意識を向けているうちに、自分が聖人にでもなったと錯覚し、気付けば歪んだ正義感と肥大化した自尊心が体の脂肪の隅々まで充満してしまったのだろう。そしてそれがヒーローのようでかっこいいと勘違いしている状態であるため、改善の余地はなく、自省することもないためモラハラを撒き散らしている。

いつも怒っているバカは、日に日に許容性がなくなり、醜い人生となっていくだけなので、そっと距離を取りつつ、見守ってあげよう。

人の気持ちを汲み取らないバカ

人の気持ちを汲み取らない、汲み取れないバカもいる。

職場関係でも、人の気持ちを汲み取れなかったり、他者の感情や状況をわきまえず勝手を口にしたりするバカがいると思う。

何度もお話ししている通り、他人を批判したり指導したりするには、相手と信頼関係を築き、相手の立場に立ち、相手の価値観や考えを一定程度理解して尊重した上で、相手の気持ちを汲み取って、慎重に丁寧に話すことが必要であり、それでようやく相手が素直に話してくれたり、考えを改めたり、行動を変えてくれたりするものだ。

こんな当たり前のことさえ理解していないバカは、誰一人の心も動かすことはできないであろう。彼らが誰かを動かした気になっているとしたら、それは力で動かしているだけで、何ら本質的な改善は図れていない。

この種のバカが進行すると、相手のプライドや自尊心まで傷つけようと、徹底的に追い込もうとしたりする。こんなことをしても、相手は憎しみを持つだけで、何の生産性もない。こんな考えを突き進めていっても、喧嘩や戦争に発展するだけだ。

極論で批判するバカ

バカの必殺技とも言うべきなのが極論での批判だ。

極論に走るのは、認知力、理解力、表現力等の能力が極端に乏しいからに尽きる。

人が何かを考察して発信する時というのは、その素材となる情報を認知し、それを理解した上で、表現するという過程をたどるが、それぞれの能力が乏しく粗いために思考プロセスを経る過程で極論にたどりついてしまうのだ。

以前、飲み会の際に自転車で来ていた国会議員の友人が、自転車の飲酒運転をしたのではないかと、小炎上したことがあった。しかし、その議員の弁明によれば、飲み会の前半に少しだけお酒を飲んだが、後半は全く飲んでおらず、帰宅時には正常だったとのことだ。

これを批判していたバカ達は、自転車であっても飲酒運転をしてはいけないという知識があるがために、よほどこれを披露したかったのだと思うが、あたかもこの議員が飲酒運転をしたと決めつけて批判し、さらに議員辞職を求める人さえいた。

ちなみに飲酒運転は、酒気帯び運転と酒酔い運転に区別される。酒気帯びとは血中アルコール濃度0・3ｍｇ／㎖か呼気アルコール濃度0・15㎎／ℓを言い、酒酔いとはアルコールの影響により正常な運転ができないおそれがある状態を言う。少量でもアルコール摂取すれば、常に酒気帯びになるわけではないし、飲酒後に一定時間を置けば値は下がる。

また、自転車運転は自動車運転に比べると危険度が低いことから、道路交通法では自転車の酒気帯び運転については罰則規定がない。このように、一言で飲酒後に運転したといっても、酒酔いなのか、酒気帯びなのか、それ未満なのか。また、乗っていたのが自動車なのか、自転車なのかによって、危険度や法律の適用もまちまちだ。

ここで改めて、極論バカの思考プロセスを確認してみよう。

まず、そもそもこの議員が自転車に乗ったタイミングで酒気帯びや酒酔いの状態であったのかを確認せずに、宴席の前半で少しでもお酒を飲めば、もう飲酒運転をしたと認識してしまっている。認知力が低く歪んでいるためにこのような粗い認識をする。

次に、自転車であれば仮に酒気帯びであっても罰則規定はなく、自動車での飲酒運転に比べると法的責任は遙かに低いにもかかわらず、同列に理解して厳しく断罪しようとする。理解力が低いために、やってしまった内容がどの程度問題なのかの分析が粗い状態だ。

さらに、仮に法律違反でなくても万が一死亡事故が起きたらどうするのだと、必ずしも確率の高くない例外的な悲惨なケースを持ち出し、議員を辞職しろとまで言い出したバカもいた。表現力も乏しいため、感情に任せて不合理なことを言い出す始末だ。

もちろん、議員の立場として、モラルも含めて飲酒運転を疑われるような行動は慎むべきだったのかもしれない。しかし、ペナルティを課すとすれば、それはしてしまった非行とバランスさせたペナルティでなければならない。

このケースは、自転車運転で、もしかしたら酒気帯びだったかもしれないが、酒気帯び未満であった可能性も十分あり得る状況だったという程度にもかかわらず、飲酒運転にまつわる最も悲惨な死亡事故が起きるわずかな確率を引き合いに出して辞職まで迫るのは、まさに極論による批判だ。

このようにバカは、知能が低く分析力が粗いがために、細かい違いを理解できず、一緒くたに考えてしまうことから、極論に走るのだが、その思考プロセスは何ら合理性がなく、聞くに値しないものだ。

他人に完璧を求めるバカ

自分はバカなくせに、他人には完璧を求めるバカがいる。

前述した自転車飲酒運転の続きになるが、そもそもこの議員が酒気帯びだったかどうかすらわからないのだが、酒気帯びでなくても少しでも事故のリスクが上がるならすべきではないと言っているバカさえいた。

人の生活には常にリスクはつきもので、法的に許されたリスクは社会で負担すべきものだ。そんなことを言い出したら、一定確率で交通事故は起きる以上、車には一切乗るなということになる。

そもそも人の行いは何もかも完璧であるはずがないのだが、他人に平気で完璧を求めるのは、自分は生涯注目される立場にないことの自覚でもあるのだろう。自分が登場人物として同じように社会から批評に晒されることを考えたら、闇雲に人に完璧を求めるような社会が現実的ではないことは容易に想像できるだろうが、それができないのは一生うだつがあがらない雑魚なのだろう。

もちろん、議員ではあるし、軽い違法行為だろうとモラル違反だろうと、しないに越したことはない。しかし、そのことと、他人から強制されたり、批判されたり、ましてやペナルティまで課せられるかは全く別の話だ。

だいたい、そうやって他人に完璧を求めるような人物は、例えば、過去に一度も1㎞の時速制限オーバーもしたことないのだろうか。

一度も過ちを犯したことがない人だけしか他人を批判などできないのだ。

他人の過去を批判し続けるバカ

他人の過去を批判し続けるバカがいる。生まれてからこれまで、何の問題も起こしたことがなく、誰にも迷惑をかけた事もない人なんていない。

もし、一見そのように見える人がいるとしたら、何も大した活動をしてきていないから、目立ってこなかっただけだ。そして、そういう人は社会に何も生産をしていないという意味で社会におんぶに抱っこされているだけのお荷物だ。

人は生きていく上でいろんな問題を起こし、その都度反省したり、経験として取り入れ

たりして成長していくものだ。もちろん、失敗を繰り返すことだってあるし、自分では失敗だと気が付かないことすらある。しかしそれも含めて人間の活動だし、社会の構成員としての生産活動であって、社会全体で受け止めていかなければならない。

そして、失敗をしたというのは、挑戦をした証でもある。大きな失敗であればあるほど、大きな挑戦をした形跡にほかならない。

犯罪行為になるようなものだけは基本的にすべきではないが、犯罪行為ですら、法治国家として定められたペナルティを受けて償えば、その後は何ら責められる必要はない。

他人の過去を簡単に批判できる人は、そいつ自体が大した活動をしていないがゆえに、目立った失敗をする機会すらないバカだ。打席に立たないから三振していないだけの話だ。

そんな動かざること山のごとしの不燃性ゴミの言うことなど聞く必要はない。

流行り言葉で勝ち誇るバカ

ＳＮＳを中心に他人が作ったような流行り言葉を用いて勝ち誇るバカもよく見かける。

ネットでよく使われる煽り文句で「あなたの感想ですよね?」「ブーメラン」「おまいう」「顔真っ赤」など様々あるが、くだらない煽り文句さえ何の面白さもない誰かが言い出した使い古された文句しか出てこない頭の悪いバカはどうしようもない。

しかも、バカはこれで精一杯勝ち誇った気になり、伝家の宝刀のように言いたがる。

そのため、実態と乖離していて全く的を射ていないにもかかわらず、無理にでもこういった流行り言葉に当てはめて、筋違いの批判をして、悦に浸っているのだ。

他にも「闇を暴いた」と言いたがるバカも多い。全くどうでもいい内容なのに、あたかも自分が鋭い洞察力、探求力があると勝ち誇りたいがゆえに、無理やり闇なるものを設定してそれを見破ったと言いたいだけのバカだ。知能が低く性格も悪い割に、小物界の大物を目指そうとする哀れな雑魚だ。

著名人を強者だと思い込むバカ

人を一般人か著名人かで二分して、著名人は強者だと思い込むバカがいる。

同じ人間である以上、本質的には差がないにもかかわらず、著名人は自分とは住む世界が異なる特別な存在であると思い込んでいる底辺思考のバカだ。

そのため、著名人が何かを成しても、それは特別な能力やスキルや人脈等があったのだと思い込み、さらには卑怯な闇ルートを利用したのだと決めつけ、自分には成し得ないことだと思い込んでしまう。

実際には、誰かが達したことはほかの誰にでも可能であるにもかかわらず。

また、著名人は常に強者であると考えて、好き勝手に批判してもいいし、著名人側はそれを受け入れるべきだと思い込んでいるバカもいる。

しかし、大抵そのターゲットも、その人の属する狭い業界内で一定のポジションを有しているだけで、いついかなる時も誰に対しても強者なわけではない。

特にいわゆる炎上状態になっている時は、バカな庶民達が圧倒的に優勢な状態から、際限なしに批判しており、この時は庶民こそが強者で、著名人は何も言い返せず圧倒的な弱者だ。

本来、著名人であろうがなかろうが、同じ人間として大きな差はないにもかかわらず、著名人をターゲットにするようなバカは、本来対等であるはずの人間同士を、自ら格下の底辺であると自認しているようなものである。

第4章

害悪バカのトリセツ
日常生活出没型・
自己過剰防衛型

日常生活出没型・自己過剰防衛型総論

前章では、ＳＮＳ全盛時代にはびこる他者攻撃型の害悪バカの話をしたが、本章は、日常生活に頻出する自己過剰防衛の害悪バカや、その他いろんな言い訳を見つけて行動をしないバカについてお話ししていきたい。

人は動物的本能から、実際のリスク以上に物事に対して不安や恐怖を感じるようにできている。だからこそ、不安や恐怖の正体を言語化して冷静に客観視した上で、リスクを過大評価してしまう感情を補正しなければならない。

僕は幼少期の頃から、動物的な本能による不安と現実的なリスクはズレていると考えるようになっていた。

小学校低学年の頃、僕は鍵っ子で、小学校から自宅まで一人で歩いて帰っていた。その下校時に、わざと寄り道して、雑木林や森やお墓の中を通ったりしていた。特に夕暮れ時やすでに真っ暗になってしまった時間帯の場合、林や森に入るとゾクゾクと悪寒がして気味悪く感じていた。当然の生理現象なのだが、この感情こそが不安や恐怖なのだと思うようになった。

暗い林の中で立ち尽くしたまま、ゆっくりと深呼吸をして冷静に周囲を見渡してみると、何となく恐怖を感じていただけで、そこは昼間とは何の差もないことに気が付く。昼間に通ればさほど怖くない場所なのにどうして夜に通ると怖いのか。客観的には、そこにある危険性に差はないはずなのに。

このような行動を何度か続けていると、次第に体と感情が分離するようになった。体は勝手に寒気を感じ、鳥肌が立ち軽く震えるような生体反応を示すのだが、そのような状況に慣れてしまったからか、頭と感情はいたって冷静なのだ。

その時、自分の体の感覚を客観視できるようになり、頭や感情と切り離されて、体が勝手に恐怖や不安という感情を感じ取っていると認識するようになった。

僕は、この不安や恐怖の正体が一体何なのかと考えるようになっていたが、自分の頭や感情と分離して、体が勝手に恐怖や不安を感じているのは、動物的な本能から来るものではないかと思うようになった。

つまり、本来、暗い森とか、水のある場所などは、動物として命を落とすリスクが高い場所だと遺伝子にインプットされている。だから、それを避けるように動物的本能が恐怖や不安を感じさせて、その場から離れるように仕向けているのではないかと。

しかし、昼間に来た時は何の危険性もない場所であることは客観的に確認できているのだから、客観的な危険性と動物的本能から来る恐怖や不安とはズレてしまっているのだということに気が付いた。

このような現象は、幽霊を見るとか心霊現象も同じだろうと思う。科学的に幽霊がいるわけではなく、動物的本能を前提にリスクの高い場所に対して、人は恐怖を感じるようにできており、それが幽霊の正体で、不気味さを感じさせる原因なのではないか。要は、霊感が強いと言っている人は、動物的本能から危険を過度に感じ取っているだけの話なのだ。

当時はここまで言語化できていなかったが、このようなことをぼんやりと感じ取って理解していた。

そして、自分の頭や感情と、体の生理的な反応が分離し、かつ、それを客観視できている精神状態を面白いと感じるようになっていき、意図的にそのような状況を作出していた。例えば、わざと悪戯をして親に怒られる状況を作り、体はドキドキしているが頭は冷静といった状況が何となく面白かった。

さらにその上で、深呼吸して自分の生体反応も落ち着かせて、自分の頭や感情と、体の反応をいずれも冷静平穏な状態に一致させるという作業をすることが心地よく感じるようになった。

なぜこんなことをしていたのかよくわからないが、僕は自分の感情や生体反応を客観視し、かつ、それを自分でコントロールできていることに快感を覚える性格なのだと思う。

　こんな行動を幼少期から取っていたこともあり、不安や恐怖は、現実的なリスクとは乖離しがちなことを明確に認識してきたし、また、不安や恐怖の正体を言語化するなどして客観的に把握し、マインドセットにより感情を補正することもできるということも身をもって体験してきた。

　また恐怖や不安といった理由以外にも、様々な理由をつけて新しい挑戦をせずに行動を狭めている人はたくさんいる。それらも全て言い訳であって、まとめて客観視して消し去っていくことができると考えている。

　みなさんの中にも、ついつい日常生活に出没する自己過剰防衛や言い訳をしたがる害悪バカな面がある場合には、一緒に客観視して、害悪バカを消し去り、限界を打ち破っていきましょう！

挑戦しないバカ

人生はいかに楽しむかが大切だと思うが、楽しさを広げるためには新しいことに挑戦する必要がある。なぜなら、人間は一度経験したことについては、少なからず飽きを感じるのが普通だし、人生を通して楽しみを広げていくためには、これまで経験したことのない新しい挑戦が必須だからだ。

しかし、いろんな理由をつけて挑戦をしないバカが非常に多い。口を開けば、起こるかどうか定かではないリスクばかり述べる人もいる。

だが、限られた人生においては、何もせずに歳をとってしまうことの方が、よほど大きなリスクだ。何を楽しむにしても、新しい挑戦をするにしても、若さや元気や感性があって初めて成り立つものが多く、そのためには1日でも早く若いうちに多くのことに挑戦していくべきだ。ただリスクを回避して生きていくだけの人生には、何の価値もない。

婚活で例えてみると、マッチングアプリを利用するのは知らない人と会うことになるから怖いと言うのはバカだ。アプリだからといって、悪い人ばかりだという根拠は全くないし、そもそも友達の紹介であろうと何だろうと実際に交際してみればそれまでの印象とは全く別人であることはいくらでもあり、結局は自分の見る目次第だからだ。

また、職場に出会いがないと嘆いているのもバカだ。そもそも職場は恋をしに行く場所ではない。保守的でいて、日常を広げて新しい活動を全くしようとしていないから、職場に行っているだけで素敵な出会いがあるかもしれないというバカな妄想を抱くのだ。

だいたい、何も行動せずに待っているだけで白馬の王子（あるいはお姫様）が現れるはずがない。もし現れるとしても、もっと若くて活発な美しい人のもとに行くだけだ。

いつもと違う行動範囲で出会いを求めることで傷つくのが嫌だと言っているバカは、歳を取るリスクに気付かず、朽ち果てたジジイババアになり、誰からも見向きもされない孤独な人生を送るがいい。若い時に自分に過保護で過ごしたことによる天罰だ（なんで42歳で独身の僕に、そこまで言われる必要がある（笑））。

さておき、ともかく言いたいことは歳を取るというリスクをもっと意識すべきということだ。挑戦しないことが最大のリスクであることを意識して、実りある人生を過ごすために、どんなことでも挑戦することをためらわないでほしい。

ノーリスクを求めるバカ

安全性などの大義名分を掲げて、リスク許容度が低く、ノーリスクを求めるバカがいる。

最近であれば、コロナ禍の活動に表れる。日本国内のコロナによる死者数は3年半で10万人にも満たない。1年平均3万人程度の死者数だ。死因を問わない年間死者数合計が140万人程度であることからすれば、ほんの2％程度だ

これに対して、万が一自分の家族や友人が亡くなったらどうするのだという感情論を貫くバカが非常に多い。

もちろん家族や友人が死んだら悲しい。しかし、長期的に人生をどのように送っていくかということは、大きな視野で考えなければならない。

確率論的に低いリスクが起きる可能性は、あくまでも例外的に生じる悲惨な事態なのであって、長期的、総体的な視点においては例外をことさら大きく考慮すべきではない。

また、生きていくことには元からリスクを伴うものだ。誰しも何らかの形で死んでしまうのだが、一定確率で家族や友人が死ぬことは一人一人が悲しみと共に許容するしかない。

人が生きることには、一定のリスクを伴うものだということをしっかり頭に入れた上で、

闇雲にノーリスクを求めるべきではない。

それにリスクの話をするのであれば、20～30代の死因の1位は自殺だし、40代でも2位だ。50代～80代の死因の2位は心疾患で、その原因としてストレスや生活習慣の乱れが一つの原因とされている。

つまり、コロナのリスクを避けて活動を控えていれば無事なのかといえばそうではなく、健康的に楽しく生きるという生活をしなければ、自殺や心疾患といったまた別のリスクに晒されるのだ。進むにもリスクはあるが、停滞するにもリスクはあるというわけだ。

そして、確率論で言えばコロナで死ぬリスクは相対的に低い。

ただ、コロナは罹患した後の症状が目に見えて衝撃的であることからリスクの総量が必要以上に大きく評価され、一方、自殺や心疾患のような生活習慣に起因しやすいリスクは短期的には目に見えない長期的リスクであることから見過ごされているだけだ。

このようなアンバランスが起きてしまうのは、長期的な視野に欠けていることに加えて、本来、人が生きることにはリスクは不可避であるにもかかわらず、目の前に見える局所的なリスクのみを徹底的に避けてノーリスクを求めてしまうからだ。

人は楽しく自分らしく生きて初めて意味がある。闇雲にリスクを避ける生き方はすべきではない。

抽象的なリスクを警戒し過ぎるバカ

ノーリスクを求めて活動しないほどのバカでなくても、抽象的なリスクを警戒していちいち過大な対策をとるバカがいる。

わかりやすいように日常的な例を挙げると、晴れていても常に傘を持っているようなバカだ。いつ雨が降っても傘があれば便利なのかもしれないが、逆に晴れている時に常に傘を持ち続けるコストのことは忘れてしまっている。

傘なんて、急に雨が降ったらその時買えばいいし、タクシー等の別の手段で済ませることもできる。リスクが現実化したタイミングでいくらでも対策は可能なのに、リスクが現実化する前の抽象的な段階で万全の対策を取ろうとすれば、無意識のうちに負担しているコストの総量は莫大なものとなっていく。

抽象的なリスクが10あり、そのうち1つだけが現実的に発生するとする。仮に実際に起きたリスクだけその都度対策するのであれば、負担は1で済むが、実際には起きないリスクにも網羅的に対策すると負担は10となる。しかも、その結果、1つのリスクに対して注げる力も分散されてしまう。

また、傘の例で言うと、実際に雨が降った場合を考えた場合に、雨の強さや風の強さによって、最適な傘は異なる。常に折り畳み傘を入れて万全の対策をしているつもりでも、実際に降った雨が風を伴う強めの雨ならもっと丈夫で大きい傘でないと意味がないこともある。

このように、抽象的なリスクへの対策は、必ずしも現実化したリスクへの最善の対策とは異なることが往々にしてあり、実は中途半端な対策なのだ。

傘に限らず、持ち物が多い人は、基本的には使うかもわからない抽象的なリスクへの対策を重視し過ぎる人だ。直近数か月で使っていない物は全て捨てるくらいの割り切りが必要だ。

これらは日常的な例えなので、いずれも些細なケースであるが、このような精神性は人生全般に通ずるものだ。

抽象的なリスクに対応するコストを払うことは無駄であり、ひとまず挑戦してみて抽象的なリスクが具体的な課題となった時に全力で対応すればいい。

いつか雨が降る時に備えて常に傘を持ち続けるコストの総量と対策内容の中途半端さと、実際に雨が降った時にその場その場で対処するコストとその対策内容の最適化が図れることを比較して考える視野を忘れてはならない。

リスクの程度を理解できないバカ

リスクを考える場合に、その程度を理解できないバカがいる。

僕はよく途上国に旅に行き、スマホを持ち歩いて撮影をすることがあるが、そうすると必ず、スリやひったくりが危ないと注意してくる人がいる。確かに日本に比べるとそういった犯罪は多く、被害に遭うリスクは日本よりは高いだろう。

しかし、日本よりもリスクが高いからといって、百発百中で被害に遭うわけではない。

僕はこれまで170か国以上を旅してきて、何百回、何千回と同じ行動を取ってきたが、実際に犯罪に巻き込まれたことは一度もない。もちろん、過去に被害を受けていないからといって、今後も被害を受けない保証はないが、日本よりリスクが高いといっても、絶対的なリスク量でいえばたかが知れているという話だ。

また、仮にひったくりの被害に遭ったとしよう。それで失うものといったら、せいぜいスマホやその時持っていた現金くらいだ。たかが10万前後か数十万くらいのリスクが上限ではないだろうか。たかが数十万を失わないために、何百回もの海外渡航を制限するなど馬鹿げている。

このように、海外でのリスクなんて、発生確率も言うほど高くはないし、リスクの最大量も知れている。過剰に危険と思う必要はないのだ。

もちろん、強盗や性犯罪や殺人といった凶悪犯罪に遭う可能性だってある。しかし、そこまでの凶悪犯罪に巻き込まれるリスクは圧倒的に少ない。

これは警戒しなくてもいいという意味ではない。場所や時間帯において特別にリスクが高まる状況では警戒を強めたり、あるいは避けたりするべきだろう。だが、闇雲に行動を制限すればいいわけではなく、リスク量に応じて適正な警戒をすれば十分という話だ。

リスクを警戒する場合には、そのリスクの発生確率や、実際に発生した時のリスクの程度を考えて、その濃淡や発生条件を考えた上で、リスク許容度を高めていかないと何も行動できなくなってしまう。

どこまでであれば受け入れても構わないリスクなのかを少し具体的に考えることができれば、その分、リスクを許容して活動できる幅が広がるだろう。

数字を理解できないバカ

数字を理解できないバカがいる。これは、統計や複雑なデータを読み取る技術云々の話ではない。義務教育レベルの話だ。

ＳＮＳで見かけたのは、狂犬病の危険性を煽る獣医の発信だった。

確かに、狂犬病は発症すればほぼ１００％死に至るし、その死に方も悲惨ということで、恐怖のイメージは大きい。しかし、日本国内では70年近く狂犬病は一度も確認されておらず、海外経由での感染がわずか数件あったのみだ。世界中でも年間にたかが数万人が死んでいるくらいだ。交通事故の方が遥かに死者数は多い。

そのため、数字を根拠とすれば、生活上のリスクとして狂犬病は無視できるレベルに過ぎず、狂犬病を気にするのであれば、その前に車に乗ることを一切止めた方がいい。

それにもかかわらず、数字を理解できないバカが感情論で恐怖を煽り、さらに煽られたバカが感情論で拡散して恐怖を共有し合っていた。

その獣医からすると、狂犬病の危険性を世の中の人が強く認識すればするほど、確実に飼い犬にワクチン接種してくれるし、商売に繋がるのであろうと思われるが（一応、法的義務ではある)、数字からすると全く無視していいリスクだ。

感情に煽られず、冷静にリスク量を数字から見極めれば、恐怖や不安に駆られることもなくなるだろう。

自粛好きのバカ

コロナ禍には自粛好きのバカが溢れ返った。

確かにコロナが発生した初期の頃は、ウイルスがどのようなものかが全く評価できないため、ある程度の自粛もやむを得なかったと思う。

しかし、コロナウイルスが人類を壊滅的に破壊するほどの脅威がないことが徐々に明らかになってきたにもかかわらず、日本国内では自粛を求める期間がだらだらと続いていた。

そしていつの間にか自粛の目的が変わっていき、コロナによる社会的な被害を減らすことではなく、みんなが自粛しているのに、抜け駆けで遊ぶ人はずるいといった意味での批判がされるようにさえなっていった。

このような自粛は東日本大震災の時にも起きた。

東北地方の人々が辛い思いをしているから、日本全国で自粛をしようというものだ。わかりやすいのが、節電の例だ。短期的に電力が足りていない時に、その地域の電力を集中的に使う産業のみを最低限停止させるという発想ではなく、国民みんなで我慢するといった自粛ムーブメントが起きていた。

全く意味のない自粛だ。それにもかかわらず、進んで自粛する姿勢は、みんなで我慢することが社会のためになると勘違いしている自粛中毒者だ。被災地でもない全国の関係ない人々が自粛をしたところで、東北地方の人々には何の足しにもならない。

そんなことをするぐらいであれば、経済を回して税金で被災地を支援した方がいい。

全国規模で言えば、東北地方の経済圏なんて数%にしか満たないのに、そんな局所的な被災を理由に日本全国で自粛すれば日本自体が傾いてしまうという、全く馬鹿げた話だ。まるで戦時中に国民が一丸となって非科学的、不合理な根性論で我慢し合っていた時から何も成長していない。

自粛が叫ばれるのは、社会における有事の際だが、そのような時こそ、何が問題であるかを冷静に捉え、合理的な行動を取るべきだ。

不安症のバカ

震災時には、日用品の買い占めが行われた。特にトイレットペーパーを何ダースも購入するバカ達が大量に現れた。

まず、震災が起きたからといってトイレットペーパーの消費ペースが一気に上がるわけではない。そして、東北地方の経済圏が一時止まったところで、日本全国にはいくらでも製造工場はあるのだから、買い占める合理性、必然性は全くない。それにもかかわらず、不安を煽られたバカ達が我先にと買い占めに走った。

そのせいで、本来いつもと変わらないペースで供給されれば満遍なく必要分が行き渡るはずが、在庫が偏って供給されてしまい、手に入らなくなってしまう人が出た。

危機的な状況になるとトイレットペーパーを買い占めるという行動が始まったのは、オイルショックに遡る。オイルショックの際に、石油が高騰すればトイレットペーパーが製造できなくなるという謎理論により、買い占めが行われたとされている。

もちろん、石油が高騰すれば、エネルギー単価が上がり、製造業のみならずあらゆる産業の単価が上がる可能性はあるが、それはトイレットペーパーに限った話ではない。ましてや値上がりするといっても、元が大した単価ではなくたかが知れているし、一気に何倍にもなるとは限らない。ましてや仮に本当に値上がりし、それが長期的に継続するのであれば、自力で製造設備でも抱えない限り、多少買い占めたところで根本的に解決しない。

本当に致命的なバカは、石油不足とトイレットペーパー値上がりの結論だけ知って、その関係性を全く理解せずに、トイレットペーパーそのものが石油でできていると思っている人までいるらしいから、失笑すらできない。

こんな当然の理屈さえ理解できないバカが多いせいで、震災のような不安を煽る出来事があると頭が狂ってしまい、日用品の買い占めがなされ、一部に偏って供給されることによって、全員に行き渡らなくなるのだ。

いい加減、もう令和の時代だ。不安症に煽られて、バカな行動をするのは止めよう。

自分に過保護なバカ

不安症であるバカの精神構造は、自分に過保護ということにある。

例えば、マルチ商法というのは忌み嫌われている。僕自身は全く興味がないし、決してマルチ商法を擁護するつもりはないので、敬遠する気持ちはわからないでもないが、マルチという単語に過敏に反応し過ぎるのもバカだと思う。

何かの誘いを受けて行ってみたらマルチの勧誘会だったとする。これは確かに時間の無駄になるし、その意味ではウザい。

しかし、こういう経験のことを、怖い思いをしたと表現する人までいる。どうして怖いのだろうか。どんな勧誘を受けようと断ればいいだけだし、何なら勧誘を受けたこと自体は情報として選択肢が増えただけであるから、使えない情報としてゼロであることはあってもマイナスにはならない。

それにもかかわらず、怖いとまで思うのは、勧誘されれば自分の判断力がズブズブで乗っかってしまうということであろうか。それは単にそいつがバカなだけだと思う。

また、そんなバカには大したお金もないだろうから言うほど守るものもないだろう。

これはもちろん、マルチ商法にどんどん参加しろという意味ではない。何でもかんでもマルチ商法と一括りにして、極度に怖がるがゆえに、新しい人と出会う機会に巡り合えても、避けてしまうような心理状態を説明する例としてお話しししている。

ほかにも、海外旅行は怖いとすぐに言う人がいるが、その地には多くの人が住んでいるし、ほかの旅行者もたくさんいる。ほかの人がしていることなのに怖いと思うのであれば、それは単にその人の出来が悪いだけだ。

一見怖いとかいかがわしいとか思うようなことでも、もしかしたらあなたの人生が好転するチャンスになるかもしれない。自分さえしっかりしていれば、大したリスクはないし、損をするとしてもたかが知れている。

何か失敗しても勉強代と思おうといった言い方があるが、その通りで、長い人生において早めにいろんな経験を積んでいろんな失敗をしておくと、その経験を後の人生で生かしてさらに活動範囲を広げることができる。

自分に過保護であることは、チャンスを失うだけだ。多少の失敗を受け入れていこう。

もったいぶるバカ

自分に過保護なバカで、さらに程度が酷いと、もったいぶるバカになる。

不安症から過保護になり、自分だけは何が何でもリスクを取りたくないという精神状態に陥り、もったいぶることで周囲に負担をかける害悪バカだ。

身近な例では、男女の関係において、一般人の恋愛なんて世の中の誰も興味ないんだから、とっとと試しに付き合ってみればいいのだが、自分だけは絶対にリスクを取りたくないと考えるようなバカだ。特に具体的な懸念点もなく、相手を信用せず、疑って相手を試し、相手にだけ一方的に信用性を証明させるべく負担をかけ、自己保身に走った結果、相手を平気で傷つけるようなバカのことだ。恋愛相談を受けると、もったいぶることにより自ら信頼関係を破壊しているバカが割と多い。

自己保身だけを優先して相手を無意味に疑って傷つけておきながら、相手に信用してもらえないと言い出す始末だ。そんな利己的なバカが信用されるはずがない。

伝えたいのは、僕達庶民に大した価値などないんだから、どんどん挑戦してどんどん失敗すればいいということだ。そして、そういう経験を通じていけば、気付かぬうちに魅力的な人間になっている。

魅力のある人物になってから、初めてもったいぶればいい。

ストレス耐性が低いバカ

いちいちストレスを感じるバカがいる。しかも、ストレス耐性とは生まれながらに決まっているかのように、ストレスが溜まりやすいと言っておけば、それ以上に何もしなくてもいいかのように言い訳に使うバカさえいる。

新しいことに挑戦しようと思えば、当然これまでには経験したことのない意外性のある出来事に出くわすことになるが、そういうものにいちいちストレスを感じていては、何もできない。過去に経験したことを延々と繰り返すしかできなくなる。

ほかにも生活環境でも人間関係でも、どんなことにもストレスというマジックワードを用いて、全ての言い訳にする人がいる。

そんなものは、経験を増やし、どんなことでも想定内にしていき、自分を慣らしていくことの積み重ねでストレス耐性を上げ、許容範囲を広げていくしかない。そもそも、ストレスなど目に見えないもので、何の根拠もない。

僕が幼少期に夜のお墓や林に入っていった話をしたが、ストレスも、単に自分にとって本能的に自分を傷つける環境を避けるために脳が危険信号を出しているに過ぎない。

つまり、ストレス耐性の低い人は、自分に過保護なだけだ。おそらくお墓に行けば幽霊が見え、霊感が強いと言い出すんだろう。ＵＦＯや小人だって見えるのかもしれない。しかし、そんな精神構造を知ってしまえば、いくらでも自己コントロール可能であることもわかるだろう。

ストレス耐性は自分のマインドセット次第でいくらでも上げることができるが、多くの活動をしていくには必須の試みだ。

同じように、自分は怖がり、寂しがりなどのように、勝手に自分の感情を不変のように言い訳にするバカもいるが、そのようなものもいくらでも変えていくことができる。

ストレス等を言い訳にするのは止めよう。

論理性のないバカ

論理性のないバカも厄介だ。こういうバカは、物事を感覚だけを頼りに理解し、進めていく傾向があるが、本人は自分では正しいと思い込んでいるため矯正も難しい。

例えばある友達夫婦の話を紹介したい。夫がイギリスに留学に行く話が出た際、妻が反対したそうだ。夫は妻に、なぜ反対するのかと理由を聞くと、「その時期は西の方角は運勢が悪い」と言い出したそうだ。こういう非科学的なことを言い出されると、全く反論のしようもないし、話を噛み合わせることができなくなる。スピリチュアルやオカルトのようなこの手の類の話には客観的な論理性が一切ない。

全く論理性のない考えを持つバカとは話ができなくなってしまい、分断を生む。だいたい、先ほどの例だと、地球は丸いのだから、アメリカ経由で行けば東の方角になりそうなものだが、全く馬鹿げている。

これは極端な例だが、論理性を欠いて、イメージや思い込みの感覚だけで物事を語る人は非常に多い。

先ほどマッチングアプリの話をしたが、弁護士業界でも法律相談者と弁護士を繋ぐインターネット上のマッチングサイトがある。

「弁護士ドットコム」といい、今では上場している会社の提供するサービスであるが、15年前くらいは、インターネットで法律相談マッチングをするのは、ロクな依頼者がいないしトラブルが起きるだけだから止めた方がいいと言う弁護士が大量にいたのだ。最近では上場したこともあり途端に手のひらを返した弁護士ばかりだが、弁護士ですらこんな馬鹿げた思い込みのイメージで物事を判断している。

確かに元からの知人ではないという意味では、依頼者がどんな人間なのか、相談内容が如何なるものなのかわからないため、めちゃくちゃな事件に遭遇する可能性はある。しかし、そんなことは一般の飛び込みの法律相談や弁護士会が仕切っている相談者の紹介システムでも同じだ。それこそ刑事弁護の国選事件なんて、犯罪をしたと疑われている会ったこともない人なわけで、とんでもない依頼者の可能性は常にある。

しかし、弁護士は専門家を自称するだけあって、多少厄介な依頼者であろうと難解な事件であろうと、淡々と解決できる職業人であるはずだ。

論理性がなく、イメージだけで判断して動いてしまうのは、意味もなく行動範囲を狭めてしまうだけのバカだ。しかも全く話し合いにならないという点で、周囲に与える害悪も大きい。

そんな不幸を呼び込む考えは必死に排除しなければならない。

お金がないと言うバカ

どんどん新しい活動をしていこうという話をすると、すぐにお金がないと言い出すバカがいる。

確かにお金がある方が活動の選択肢は増えるが、お金をかけずに楽しんだり、何かに挑戦したりする方法はいくらでもある。

僕はそれをいつまでも実践していきたいと思っているので、旅行に行っても1000円、2000円程度の安宿に泊まることもあるし、食事も数百円のB級グルメも楽しむ。また、ドラクエウォークやポケモンGOのような無料でも楽しめる散歩用のアプリゲームをすることもある。これなら知らない土地を歩き回っているだけで楽しめる。

グルメツアーとして、例えば京都中のわらび餅を食べ歩くことがあるが、3日で10軒をはしごしても、1万円くらいで楽しめる。たまにしかわらび餅を食べないと、あまり意識はできないが、3日間で一気にこれだけのわらび餅を食べると、記憶が新しい状態で様々なわらび餅を食べ続けて比較することができるので、一言でわらび餅といっても、その柔らかさ、温度、粘り気、コシ、風味、かかっている粉や蜜の種類、値段、店の雰囲気等、店によって全く異なることがわかる。

こういう感覚を一度体験すると、自分の中でわらび餅の好みが具体的に体系化され、それ以降わらび餅博士にでもなったように、わらび餅を食べるのが楽しくなる。

さらに、次はほかの和菓子、今度は洋菓子、デザート全般、うどんやそば、とんかつといった比較的安い食事と、どんどん横展開していくこともできる。いずれもそこまで高いものではなく、お金がなくてもいくらでも楽しむことはできる。

誰しも子供の時や学生の時、大してお金がなくてもいろんなことを楽しんできたはずだ。それが、大人になるとお金を使う楽しみにしか目を向けなくなっているのは不思議な話だ。**その原因はきっと、お金がないから楽しめないのではなく、楽しむ心がなくなっているせいだと思う。**

そんな生活をしている人は、仮にお金を持っても楽しめない。なぜなら、その人が楽しくないのは経済力のせいではなく、精神面の問題だから、お金が増えても解決しない。そういう人ほど、いざお金を手にするとお金に頼った遊び方しかできず、無駄に散財するような遊び方ばかりしてしまう。

お金がなくてもいろんな楽しみを見出せる気持ちを持ち続けよう。

時間がないと言うバカ

楽しみがないと言っている人が、お金がないという理由と同じくらい言っているのが、時間がないという理由だ。

しかし、時間は絶対にある。クリントン元アメリカ大統領は、大統領の公務をこなしつつ、家族がいながらも不倫をしていたのだ。僕達一般人に時間が作れないわけがない。

また、一般の会社勤めの人が、僕のようなフリーランスや経営者の人に対して、自分たちは時間がないから自由があっていいと言ってくることがある。

しかし、普通の会社員で、暦通りの出勤形態であれば、毎週金曜の仕事終わりから月曜の仕事始めまでは比較的安定して自由に過ごせるはずで、3泊4日で旅行に行くことだってできるはずだ。都内在住であれば金曜夕方の仕事終わりに羽田空港に向かい、月曜朝に羽田空港から直接出社すればいい。毎月4回、年間48回も3泊4日の旅行に行けるのだから、国内であれば1年で主要な観光地はほぼ行き尽くしてしまうだろう。

また、多くの雇われている立場の人は有給も利用できる。僕はかつて2年間だけ公務員のような立場で国の機関に勤めていたことがある。その時は年間23日分の有給があったため、年度初めに1年分の有給申請をしてしまい、年間を通じて最も連休が取れるように計画していた。有給を使い切っても、体調不良で欠勤することは絶対にないから問題はない。体調不良なんて、自分で認めるまでは体調不良ではないからだ。

その結果、年に2回は20日間近い連休を取って、アフリカに一人旅に行ったりしていた。もちろんその間、ほかの人に迷惑を掛けないように業務をこなしておけばいいだけだ。

これに対して、有給が使いづらいなどと言っている人が未だにいるが、そんなことはその人が勝手に空気感を読んでいるだけだ。権利であるものは絶対に使えるのだから、自分の人生を最大限楽しくするために、覚悟と責任を持って権利主張をすべきだ。

また、一日一日で考えても、僕は朝から晩まで業務がある時は、早朝に豊洲集合でお寿司を食べてからそのまま出社しようとか、職場近くまで来てくれたらランチだけなら一緒にできるとか、深夜24時以降なら空いているといった提案もよくしている。

別に毎日睡眠時間を削って遊ぼうと言っているわけではない。たまにそのようなイレギュラーな日があっても、いくらでもやっていけるだろうということだ。

このように、誰でも時間は絶対に作れる。

生活に楽しみが足りていないとすれば、それは時間がないせいではなく、自分自身の精神性と行動力の問題だ。

翌日に備えてばかりのバカ

時間がないと言うバカがよく使うのが、「明日も仕事だ」「明日も早い」という理由だ。

しかし、一般の会社員であれば、翌日に仕事がある日なんて週に5日もあるわけだ。

それにもかかわらず、7日中5日、翌日が仕事であるという理由でコンディションを整えようとしていたら、引退するまで人生の7分の5はコンディション調整の夜になってしまう。

もちろん、僕が弁護士業を本格的にしていた時のように、業務が楽しくて仕方がなく、少しでも長い時間業務に取り組みたいような場合には、全精力を仕事に注ぐべきだ。

しかし、翌日に仕事があると言うような人に限って、仕事にも不満を言っている傾向があるし、さほど仕事に熱中しているわけでもない。

そんな程々に取り組んでいるだけで年に200日以上訪れる1日が翌日にあるだけで、前日は体力を温存するなんて、何のための人生なのであろうか。翌日に、4年に一度のオリンピックの試合に選手として出場するくらいであれば話はわかるが、年に何度もある1日のためにコンディションを整える必要などない。

そして、24時間を目一杯使って活動する習慣をつけていくと、イレギュラーな時間の使い方をしても、慣れて日常になっていき、バイタリティが増していく結果、そもそも体調不良を起こすこともなくなる。

活動量を減らすような発想はすべきではない。

世の中がつまらないと言うバカ

世の中がつまらない、会社がつまらない、生活がつまらないと簡単に言うバカがいる。

しかし、そんなのは全て言い訳であって、自分で変えられることに向き合って、生活を楽しくするように心がけるべきだ。自分で変えられないような外部環境に文句を言っても何の足しにもならない。

お話ししたように、お金や時間の制約については、自分次第で何とでもなる。

せっかく日本に生まれてきて、比較的安全に自由と経済力を持てる社会で生活させてもらっているのだから、人生を楽しむことに責任と覚悟を持つべきだと思う。

仕事もプライベートも楽しみ尽くさなければならない。そんな毎日を過ごしていると、周囲にも楽しい人が寄ってくるようになるし、害悪バカは近寄ってこなくなる。

また世の中や社会の環境というのは、自分より偉い誰かが意図して作ったものではない。多くの人々の一人一人の行動から結果的に生成されていったもので、その中には変えられるもの、変えるべきものもたくさんある。

つまらないのは世の中や会社ではない。自分自身なのだ。

好きなものが見つからないと言うバカ

先ほど、世の中がつまらないのではなく、自分自身がつまらないのだという話をしたが、似たような話で、好きなものややりたいことが見つからないと言うバカもいる。

こんなバカには「ドリアンようかんは好きですか?」と聞いてみたい。ドリアンようかんとは台湾等で売っているドリアン風味のようかんだが、こんな物食べたことがない人の方が多い。そうすると、どういう回答が返ってくるかというと、「わからない」という答えになる。

逆に好きな食べ物を聞き、「焼肉」と回答をもらうとする。そして、「焼肉を食べたことがあるか?」と聞けば、当然「ある」という回答になる。何が言いたいかというと、人は経験したものしか、好きとか嫌いとは判断できないということだ。逆に言えば、好きなものややりたいことが見つからないと言うのは、圧倒的な経験量不足にほかならない。

毎日コンビニのお握りを食べ続けている人が食に興味がないといったところで始まらないのと同じだ。好きなものが見つからないと言っている暇があったら、一つでも多くの経験を積むようにしよう。

人生を長期で考えるバカ

人生は長い。しかし、先々、本当に今と同じだけ元気でいられる保証はない。年齢と共に感性も鈍っていくかもしれない。

また、それ以上に大切なことは、少しでも早く経験すれば、それだけ得た知見や経験値を残りの人生で生かすことができるということだ。経験や思い出はその後の人生に利用でき、複利で価値が膨らんでいく。

だからこそ、やりたいことを先延ばしせずに、すぐに実行していかなければならない。今できることを先にしようとする人は一生何もすることはない。

何かをやりたいと思った時には、必ず短期的な期間設定をすべきだ。何年も先であったり、死ぬまでにやりたいと言ったりする人で、実際に実現させる人はいない。

僕は2回南極に行ったことがある。南極といっても、船で南極圏内の島々に行くようなお手軽なものではない。チリのプンタアレナスから、イリューシンというロシアの軍用機を改造した飛行機で、南極大陸の真ん中にまで行くものだ。費用は最低500万円、期間も最短で3週間はかかる。僕はさらにその基地から往復500万円かけて南極点まで行ったことも2回ある。

南極大陸には毎年世界中から数百人程度が訪れている。僕が2回行ったうちの1回は、日本人が20人くらいの団体で来ていた。その旅行会社いわく、団体で来たのは初めてということだった。

その時の日本人達はみな70代以上で、80代の人もいた。

これに対して、当時の僕は35歳くらいだった。僕は彼らよりも35年以上早く南極に来た分、同じ寿命だったとしても35年も長く南極での経験を人生に生かせるわけだ。

これは日本人の傾向なのかもしれないが、南極大陸に行くほどの遊びをするのは、仕事も子育て（孫育てもいるだろう）も終え、まさに老後の余生状態になってからになってしまっている。しかし、大変失礼だが、老い先短い状態でせっかくの南極大陸を体験しても、それを生かせる期間は短いし、南極でも体力がついていかないから全開では楽しめない。

他方、外国から南極大陸に来ていた人は、20代から40代の人ばかりだった。日本人の団体客より遥かに若く、老人はほぼいなかった。彼らの中には石油王の息子もいたが、大半は普通の人達だった。車や家を売ったり、会社を辞めたり、家族から借金をしたりして、お金や時間を工面して南極大陸に来ていた
なぜなら、それが彼らの夢だったからだ。

日本人の中には、夢とは長い間持ち続けて、いつか死ぬまでに果たすものと思っている人がいる。しかし、その考えでは実際にはその大半を果たせないままとなるだろう。

そうではなく、夢は今すぐ、最短で叶えるべきだ。それこそが人生の目的だからだ。その意味では、夢という中長期的な目標を示す言葉を使わず、目標や課題と考えるべきだと思う。

人生を長期で考えてはならない。やりたいことは、今すぐ果たす人生にしよう。

社会的な成功を集めたがるバカ

南極の話をしたが、そうはいっても、老後の年齢でないとお金がないと思う人もいるだろう。しかし、500万円程度で南極には行ける。500万を高額だと思う人もいるだろうが、誰だって少し高い車や家を買う場合には費やしている金額だ。

人生でやりたいことが、車や家を所有することなのか、南極大陸に行くことなのかの違いだ。だから、結局は何が大事か、何がしたいか、何を極めたいかという、価値観の話に行きつく。

最近は減ってきたが、まだまだ一定数の人は、できれば良い学歴で、できれば社会人として比較的安定した良い会社で、できれば結婚して、できれば子供を作り、できれば車を持ち、できればまともな家に住み、できれば良い服で着飾って、できれば美味しい物を食べて過ごしていきたいと、何でもかんでも社会的に成功とされるものを満遍なく集めようとしている。

しかし、こういった社会的成功は、手に入るに越したことはないが、満遍なく集めようとしてしまうと、自分の経済力や時間や労力といった有限の資本を分散して投資してしまうことになる。

できれば欲しいといった具体性のない願望のために、大切な有限の資本を使うべきではない。

南極の例で言えば、ちょっと有名な中古の外車を買っても500万円くらいはする。ただ、そんな経験は比較的多くの人がしている。しかし、南極大陸に行った人は日本人だと数百人しかいない。もちろん稀有な経験イコール価値があるわけではないし、南極に行くなんて誰もが望むものではないのであくまで例示に過ぎないが、一点集中で自分の有限の資本を投入すれば、それだけ特異な経験を極めて達成することもできるのだ。

逆に、社会的な成功と言われるものを何となく満遍なく手に入れようとすると、いつの間にか大して興味のないものが5段階のオール3で揃ってしまう。何もかも中途半端で本気で自分を高ぶらせることのない人生になってしまう。

それよりは、車も安定した仕事もないけど南極大陸には行ったことがあるとか、住まいはボロボロだけど月に一度は超高級レストランで食事をしているとか、興味の乏しいものは1でいいから本当に好きなものだけは5を取るといった人生にしてはどうだろうか。

自分が人生において何を果たしたいかという夢や自分が何を大事にしたいかという価値観に素直に耳を傾ければ、社会的な成功と言われるものの大半は実は不要であることに気が付く。その上で、自分にとって本当に好きなものに全力集中できる人生を過ごそう。

短期的な視野で考えるバカ

人生を長期で考えるバカの話をしたが、逆に自分の人生を長期にわたって制約する決断を短期的な視野で考えるバカにも気を付けたい。

東日本大震災後、独り身の心細さを実感して結婚する人が増えたというニュースがあったが、全くもってバカだ。震災後の不安など、直接的な被災者でもない限り数か月もすれば慣れて日常化してしまう。

それにもかかわらず、人生において長期的に影響する結婚を決めてしまうとは馬鹿げている。もちろん、たまたまそのタイミングを勢いに結婚してうまくいくこともあるが、それは震災を理由とせずに決めるべきことだ。

また持ち家の方が得だと思い込んで家を買ってしまうような消費行動も馬鹿げている。

そのバカの理論は、賃貸だといくら賃料を払っても所有物が残らないが、購入だと資産化ができるという安易な発想だ。しかし、購入したとしても、マンションであれば管理費や修繕積立金は発生するし、一戸建てでも固定資産税は発生する。さらに住宅ローンを利用すれば金利も発生するが、それらは無視されている。

挙句の果て、賃貸と購入で購入の方が経済的にメリットが出るのは30年程度住み続けた場合と言われているが、購入してから30年も経過した劣化不動産が手に入ることがそんなに有難いのだろうか。

それより、今後自分の人生がどう変化していくかもわからないのに、長期にわたって自分のライフスタイルの流動性を損なうような選択をすることはバカとしか言いようがない。築30年以上の劣化不動産が欲しくて、今後一層自分のライフスタイルを最適化させる機会を捨ててしまうとは、つまらない保守の極みだ。

それでも購入がいい場合とは、購入することがライフスタイルの追及に資する場合だろう。例えば、家を改造して自分好みのオリジナリティのある住まいにしたいとか、地方だと住んでもいいと思える賃貸物件がないといった状況に限られる。

短期的な視野の考えで人生を制約してはならない。

流行り言葉を用いて言い訳するバカ

最近、「蛙化現象」という言葉が流行っているらしい。本来の意味は、好意を抱いている相手が自分に好意を持っていることがわかると、その相手に対して嫌悪感を持つようになる心理現象を指すらしい。しかし、ＳＮＳでは相手のちょっとした嫌な面を見た時に急に幻滅して冷めてしまうという意味でも使われているようだ。

しかし、これは自分の未熟さ、バカさを流行り言葉に当てはめ、さぞ仕方のない心理現象かのように言い訳しているにすぎない。

実際には、他人と深い関係構築ができておらず、自己肯定感も低く、自分に過保護でもったいぶっているがために、少し相手との関係性にマイナスの面を見ただけで、酷く傷ついた気になって逃げ出しているだけだ。

ほかの例では、以前からある言葉だが、自分のことを「人見知り」と言うバカがいる。自分で人見知りと宣言することにより、自らコミュニケーション力を磨くことを放棄し、相手にのみ円滑なコミュニケーションを努めさせ、うまくいかなくても相手のせいであるかのような発想を持つバカであるに過ぎない。

単に自分は臆病で、恥をかくのが嫌で、コミュ力もないので、全て相手の方から気遣って、自分が恥もかかず、傷つかなくていいように段取り良くテンポ良く接してくださいと押し付けているだけだ。

だいたい誰しも初めての相手と話す際は、多少は戸惑いや気遣いや緊張感はある。それを乗り越えていろんな人と仲良くなれるように努めているのであって、そのバカだけが気まずい思いをしているわけではない。

蛙化現象でも人見知りでも、他のそれらしい流行り言葉でも、単にそのバカが自己改善する気がなく、あたかも先天的で変えられない状態であるかのように言い訳しているに過ぎない。

こだわりが強いバカ

僕はどんな生活スタイルも受け入れられるので、途上国も平気だし、不特定多数で泊まるゲストハウスや、現地のよくわからない料理も平気で食べる。

こういう生活を送っていると、こだわりが強いと言われることがある。しかし、全く逆だ。こだわりがないからこそ、どんな生活も受け入れられるのだ。そういうスタイル以外は受け入れないわけではなく、普通の生活も当然受け入れられる。単に選択肢が多いだけだ。

むしろ、自分の慣れ親しんだ生活スタイルしか許容できず、新しいものや変わったものを排除する考え方こそがこだわりがあり、許容性の少ないバカだ。

こだわりなんて、大抵は経験不足からくる偏見に過ぎない。

こだわりを捨てて、許容性をもって、多くのことに挑戦し、受け入れていくマインドセットを持とう。

多数に合わせるだけのバカ

多数に迎合するだけのバカもいる。

物事の良し悪しは多数決で決まるわけではないし、常識が良識とも限らない。人の考えや好みは千差万別であって、多数にとって良いことが自分にとっても良いとは限らない。

それにもかかわらず、多数派であることや、普通や常識といった特に根拠のない理由を信じ込んでいるバカがいる。多数がしていることだから自分も合わせるというのは、多様性や個性を否定し、自分の価値判断や思考を一切放棄しているだけだ。

そもそも多数派というのは第三者の適当な意見の抽象的な集合体に過ぎない。街角アンケートみたいなもので、アンケートで多数派の回答だからといって、自分にも適しているとは限らないだろう。それなのに盲目的に多数派を選んでいるのは、ただの思考停止だ。

また、残念ながら今の日本は全員が豊かになれる状態ではない。高度経済成長期であれば、全員が等しく豊かになっていくから、周りに沿って、最大公約数の行動に合わせていれば良かったのかもしれない。

しかし、今は周囲の平均的な行動ばかりしていれば、貧しくなっていく一方だ。もちろん、好きで貧しくなっていくのは勝手だが、集合体の平均的な考えや行動が正しいという根拠は何一つないということは肝に銘じておかなければならない。

前例やルールに縛られるバカ

前例やルールに縛られるバカが非常に多い。特にお堅いと言われる仕事に就いている人に多い。お堅い文化の職場では、みんなから外れることが許されず、まずは第一に前例やルールを優先しようとする。

しかし、前例やルールというのは、その問題を解決するに当たって、参考にできるものがある場合や、その問題点を予測して事前にルール化できている場合のみ有効なものだ。また、それらしい前例やルールがあっても、新しい世の中では間違ったものになっている可能性もある。

逆に言えば、新しいことや誰も考えてこなかったこと、過去の事例が当てはまらない例外的な出来事に対しては、前例やルールで対応することはできず、その都度、自分で考えて解決していかなければならない。

こういう時に、前例やルールを応用して新しい事例にうまく当てはめて解決するのであればいいが、思考停止してしまって、前例やルールがないと何も動けなくなるようなバカになってはならない。

常日頃から問題に直面した時に、自分で一から考えることを放棄して前例やルールを探して当てはめることばかりしていると、どんどん創造性や考える力や習慣が失われていく。

しかもタチが悪いのは、前例やルールに縛られているバカは、前例やルールに従った結果間違っていても、責任放棄してそれらのせいにしようとすることだ。

今後、ＡＩの発展や急激な社会情勢の変化が予測される。目まぐるしいスピードで動き続ける現代社会において、今まで以上にこれまでの前例やルールが通用しないケースが爆発的に増えていくだろう。

他人が作った前例やルールに頼りっぱなしになるのではなく、常に自分の責任で正しいと思う選択をしていくべきだ。

知ったかぶりをするバカ

ＳＮＳのせいもあり、知ったかぶりをするバカも目立つ。

小利口さをアピールするのが流行っているのか、コメンテーター気取りでそれらしき戯言をふがふが言っているバカがいる。

自分のアカウントで好き勝手に発信しているだけであれば自由で結構だと思うが、わざわざ他人に絡んできて、その人の発言をいちいち引用して知ったかぶりをかますバカさえいる。

僕の場合は、弁護士という資格を持っているからか、傍聴マニアレベルの中途半端な知識を身に付けて、賢者を気取るゴミのようなバカが絡んでくるから驚きだ。本人はさぞ満足気なのだが、他人に絡まずに自己完結で勝手にやっていろと思う。しかも、こういうバカは自分のバカさに気が付かないため、口調だけは一見まともで、さらにバカな信者を引き連れていることもあるため、バカが相乗効果でバカ度を増し合っていて、手に負えない。

基本的に風貌からしてホームレスのような胡散臭いキモオタばかりなので正常な人は誰も信用しないが、稀に僕の周りの人や僕の発言を参考にしてくれている人まで惑わされるのは厄介だ。そうすると、改めてそのバカの発言がいかに不合理であり不確かであるかを説明しなければならないことがある。

みなさんはくれぐれも知ったかぶりをするバカの言うことを安易に信用しないようにご注意いただきたい。

陰謀論好きのバカ

昨今増加傾向にある新種のバカが、陰謀論好きのバカだ。

例えば、コロナのワクチンは、政府が人口を減らすためにやっているといった類のものだ。まず人口を減らすメリットがわからないし、僕達庶民には手が届かない世界中の優秀な人達が必死で開発したワクチンをどういう根拠で疑えるのか全く理解ができない。

こういうバカは、ＷＨＯや政府よりも、自分の判断こそが優れていると思い込んでいる自意識過剰のバカだ。もちろん過去には薬害問題も起きているのも事実だから、ＷＨＯや政府の研究や判断にも誤りが生じることはあるが、素人が集まって思い込みで考えるよりはよほど確率は高い。

仮にワクチン接種により一定数が死亡しているとしても、それは結果論であって陰謀論と因果関係があるとは全く言えない。そもそもワクチン接種による死者数とワクチン未接種による死者数を比べて初めてワクチン接種が人類にとって有害であると評価できるにもかかわらず、ワクチンがノーリスクではなかったというだけで無価値であるかのように思い込むのは、全く論理的ではない。ワクチンの集団接種により１００人が死んでしまったとしても、それによって1万人が助かるのであれば社会としては有益だろう。誰も死なない方法がない場合にはやむを得ない選択だ。

そして、彼らは、陰謀論のストーリーに不合理なことがあっても気付けない。自分に都合のいいことが書かれていると、視野狭窄に陥って、それしか目に入らなくなってしまう、情弱バカだからだ。

コロナワクチンなんて、これだけ世界中で大量接種が行われ、開発から供給まで多数の人が関わっているのに、陰謀論のような裏の目的があれば、とても隠しきれるはずがない。

小学生の頃にも、学校でよくわからない風説が流行っただろう。僕の時代であれば世紀末シリーズとか、予言シリーズのようなものだ。その類の話を大人になっても信じ込み、広め合っているバカ達は頭が悪すぎて社会の害悪でしかない。

例外をもって全体を語るバカ

コロナの話をしたが、こういう話をすると必ず身近な具体例を挙げてくるバカがいる。

例えば、ワクチン接種後に知り合いが原因不明で亡くなったといった類のものだ。

確かにコロナワクチンによる副作用で死亡したり重篤な障害を負ったりする可能性は排斥できない。しかし、ワクチン接種という原因と死亡や障害という結果が時間的に近接していたからといって、因果関係があるとは断定できない。

そして、コロナワクチンの副作用のリスクは、コロナそのものによるリスクからすると確率論としては低く、あくまでも例外と言える被害だ。

このような例外にも対処する必要はあるし、原因を究明して改善を図っていくべきだが、例外をもって全体を語るべきではない。ワクチンで限られた人に被害が生じたとしても、そのことによってそれ以外の圧倒的多数の人達へのメリットが失われるわけではないからだ。

マイナンバーカードにしても、そもそもこれ自体が必要なのかという議論はさておき、マイナンバーカードを広めていく際、導入段階で起きる例外的な問題を過大評価して全体を論じるべきではない。あくまでも例外は例外であって、全体として安定的に運用できる状態になった際のメリットをきちんと考えるべきだ。

そうでなければ、過渡期に問題が起きるような改革は何もできなくなってしまう。

炎上を恐れるバカ

炎上というキーワードがすっかり広まって定着してしまい、個人でも企業でも行政でも、誰もが炎上を警戒するようになってしまった。

しかし、炎上はターゲットとされた人が自分で感じるほど大したことではない。

そもそも炎上なんてすっかり日常茶飯事になっており、毎日のようにあちこちで起きており、炎上のバーゲンセール状態だ。炎上に加担してはしゃぐ底辺達も、毎日次から次へと炎上のネタがあって忙しそうだが、一部のネットストーカーのような底辺中の底辺を除き、今日の炎上は明日には忘れてしまう。

しかも、炎上に参加している人も、大して具体的な批判意識は持っていない。性格の悪い害悪バカは、10%でも不快度があれば炎上に参加し、他人を小馬鹿にして批判する。しかし、元が大した大義名分もないので、批判した側は何も考えずに口（指）が勝手に動いているだけだ。

炎上のターゲットとされた側からすると、大量批判の集中砲火を浴びるため、全国民から根絶やしにされるレベルで批判されているように感じるが、一人一人の批判意識は大して高くなく、犬猫が鳴いている程度のものと考えればいい。犬猫も大量に集まって鳴き出したら恐怖を感じるのと同じだ。

また、SNSのせいで全国に散らばっている底辺による批判が集結させられているため、非常に多くの人から満遍なく批判されているように感じるが、実際には炎上は非常に狭い世界で起きている。

ターゲットからすると、自分のことを言われているため、自分の周囲が批判者で埋め尽くされているような錯覚をするが、属するグループを少し離れたら、誰もそんな炎上のことは知らないか、知っていても内容はよくわかっていないのが大半だ。自分が最も自分に関心があるため、自分が最も自分の炎上を過大に評価してしまうものだ。

僕だって軽く炎上することがあるが、もしその辺で会った人に、「どうも炎上している福永です」と言ったところで、「何のことですか?」と言われ、恥をかくだろう。

このように炎上とは、加担する側とターゲット側では立場が全く異なることにより、ターゲット側が過剰に感じてしまう構造になっているだけで、過度に警戒する必要はない。雑魚の集合体に過ぎない炎上など無視していこう。

害悪バカのトリセツ総括

様々な害悪バカについて書いてきたが、言葉にしてみることで、他人の害悪バカについて、何となくモヤモヤと気持ち悪く思っていたものが、客観視でき、少しでも小さく受け止められるようになっていれば幸いだ。

また、自分の中の害悪バカを確認し、ついうっかり他人を害し、自分の行動範囲を狭めていたことに気が付いた場合には、思い切って言動から変えていくことが大切だ。

次章からは価値あるバカについてお話ししていくが、それは害悪バカの裏返しに過ぎない。これまでお話しした害悪バカから距離を取り、真逆の行動を心がけていくだけで価値あるバカに近付いていけるが、さらにいくつかお話ししてみたいと思う。

第5章

価値あるバカとの付き合い方

価値あるバカとうまく付き合う

価値あるバカとは、他人の中にもあるし、自分の中にもある。

他人の中にある価値あるバカについては、それを一生懸命享受し、ワクワクを共有させてもらい、自己成長に繋げていこう。

価値あるバカとは、ビジネスの場面であれば上司やクライアントだったり、プライベートの場面では恋人やパートナーや友達といった相手だったりする。これから一層人間関係を良好にしていきたいと思う相手全般との付き合い方に通ずるマインドセットの話だ。

そして価値あるバカはかけがえのない相手になっていくことも多い。人間関係において、相手の価値ある面に目を向け、誠実な関心と敬意を寄せて付き合っていくと、次第にお互いが大切な存在となっていくからだ。

この意味では価値あるバカとの付き合い方は、大切な人との付き合い方と同じだ。相手の価値ある面に目を向け、それを引き出せるように信頼関係を築いていきたい。他方、相手の害悪な面は、受け入れつつも、あまり真に受けずに、傷つかずに接することが大切だ。

また、自分の中の価値あるバカについては、言語化して捉え直し、より意識付けをして、

さらなる強みとして生かしていきたい。

本章では特に他人の中にある価値あるバカとうまく付き合っていく方法をお話ししているが、それらは自分が価値あるバカになっていくことと重なっている。

価値あるバカについても客観視して真似しやすくなるように、価値あるバカとの付き合い方や、価値あるバカの中身についてお話ししてみたいと思う。

価値あるバカと付き合うことで自分が得られるものに目を向ける

価値あるバカは人生にとってプラスになるものをたくさん引き寄せてくれる。

僕にはテレビ局員の柳内さんという長い友人がいる。彼は東大卒でテレビ局員という立場にありながら、2枚目の名刺として自分でも事業を営んでいたり、頻繁に異業種交流会をしていたりと、公私ともに大活躍をしていた。

彼は東大からキー局社員と正統派のエリート街道を歩んできたが、一度は局を退社して起業してしまうなど、常識から外れた挑戦者でもあった。ある意味バカなのかもしれないが、それは全て彼自身の活躍を広げるための価値あるバカであった。

僕は彼から非常に多くのものを得ることができた。

彼とは何年にもわたって一緒に様々な遊びを共有し、飲み会やホームパーティーやプライベートでとてもお世話になった。僕が書籍出版するきっかけになった小早川さんを紹介してくれたのも彼だし、僕がワタナベエンターテインメントに所属するきっかけになったマネージャーの山下さんを紹介してくれたり、メンタリストＤａｉＧｏさんやはあちゅうさんを紹介してくれたりしたのも彼だ。彼との出会いがなければ、今の僕は遥かに小さい範囲でしか活動できていなかっただろう。

彼は本当に魅力的な価値あるバカであるため、周りに素敵な人がたくさん集まってくる。

もちろんこれは純粋に一緒にいることが楽しくて時間を共有していった結果得られた副産物であって、決して打算的なものではないが、実際に価値あるバカと付き合うことで得られるものはたくさんある。積極的に他人の中にある価値あるバカと付き合っていこう。

もちろんそうする中で自分自身も価値あるバカとなっていけるだろう。

誰にでも自分より優れたところがある

価値あるバカとうまく付き合っていこうと考えた場合、そんな人物がどこにいるのかと思うかもしれない。

僕は最初の方で著名人の名前を挙げたが、これはみなさんがわかりやすいように例示しただけで、当然著名人に限った話ではない。人は誰しも価値あるバカと害悪バカを併せ持っている。誰でも価値あるバカと成り得るのだ。必ず、自分より優れたところがある。

これはTwitterでゴミゴミ言っている害悪バカでも同じだ。いつだってヒーローを気取って自分がどれだけ立派かを白々しく語れたり、大して中身がなく結論に影響しない主張を大展開して粘着できたりするしつこさも、それを仕事で生かして成果を上げているのであれば、取り柄と言えるだろう。彼らの底辺中の底辺がTwitterでは表に出ているが、リアルではまともなことをしている可能性は十分ある。

誰でも自分より優れた面があるので、そこに着目して見習うようにしよう。一見ただの害悪バカに見えても、それはその人の底辺の部分が表に出ているだけだ。

価値あるバカの要素を抽出して、うまく付き合っていこう。

価値あるバカには積極的に近付く

価値あるバカは魅力的なため、周囲には多くの人が集まってくる。

そのため自分のことを覚えてもらうためには価値あるバカに積極的に近付く必要がある。

僕は、知人から招待されて、柳内さんが主催するホームパーティーに初めて参加した時、何十人も参加者がいる中でどうすれば自分のことを覚えてもらえるかを意識していた。

いろんな方法があるとは思うが、一つは、時間が許す限り最後まで残ることだ。短い時間しか滞在できないのであれば終盤から参加するのでもいいと思うし、一度抜けて最後までに戻ってくるのでもいい。

なぜなら、会の最後は必ず人数が減るし、最後に話した人は印象に残りやすいからだ。

また、会の最後には必ず片づけ作業が残っている。この作業を一緒にすることで、会話も弾むし、不特定多数向けではない濃密な会話ができる。しかも片づけ中は誰しも冷静になるから、落ち着いて話ができるというメリットもある。良いこと尽くしだ。

そして、帰り際に御礼を言いつつ、「一度ランチでもご馳走させていただくので、会社の近くまで行きます」とお願いする。自分に対する記憶が消え去らないうちに、ランチを取りながら1対1で会話ができれば、ぐっと距離を縮めることが期待できる。

もちろん、話した結果相性が悪いこともあるだろう。その場合は仕方がない。注意してほしいのは、決して怪しい営業と思われないようにすることだ。その相手に人として興味があるというスタンスを口に出さずに態度で伝えるようにしよう。

ほかにも小ネタを用意していってそれを披露して覚えてもらうというのでもいいかもしれない。

こういう人との距離を縮める方法はいろいろあるし、僕よりももっと上手な人の書籍も多数あるはずなので参考にしてみてほしい。

価値あるバカがくれるチャンスを見逃さない

価値あるバカからワクワクやチャンスをもらいたい人はたくさんいる。しかし価値あるバカが周りに配れるワクワクの量にも限りはあるので、それを見逃さないようにしなければならない。

そのためにはフットワークと柔軟性が大切だ。価値あるバカからの誘いは早朝だろうと深夜だろうと仕事中だろうと駆けつけるべきだ。

僕は深夜に寝ている時に連絡が来ても、30分後に行きますとだけ返信して、すぐにシャワーを浴びて、颯爽とタクシーで向かうようにしている。

駆けつけにくい状況であればあるほど、ほかにライバルがいないブルーオーシャンの可能性が高い。逆に、誰でも参加したくなるような時間帯で、楽しそうな事前情報が共有されている場合は、レッドオーシャンなのであまり行く価値はない。イレギュラーな時間や場所こそ相手に覚えてもらうチャンスだ。どんな状況であろうとも、その人に会えるというだけで駆けつけてこそ価値がある。

高杉晋作の言葉に、「真あるなら、今月今宵。あけて正月、だれも来る」というのがある。本気ならば今すぐに行動に移せ、自分の都合の良いタイミングで動くだけなら誰でもできるから信用できないといった意味だ。まさに声がかかった時が唯一最後にして最大のチャンスと思って、何が何でも駆けつけるべきだ。同じ誘いがまた来ることはないと考えなければならない。心の準備を整えて次回にということは絶対にない。チャンスには前髪しかなく後ろ髪を掴むことはできない。

相手から誘われた集まりの最初から最後まで全ての時間帯に居合わせる必要はない。すでに別の予定が入っていれば、一瞬顔を出すだけでも構わない。だが少なくとも、何時から何時の間であれば行けると返答すべきだ。たとえ深夜になろうと、何時以降なら行けると伝えておけば、実際には参加できなくても相手の印象は全く違ってくる。

そうした一つ一つの行動が、価値あるバカの心を打つ。声をかけたら必ず良い反応を返してくれる人に対しては、次からも真っ先に声をかけたいと誰もが思うだろう。

自分の仕事を言い訳にしない

価値あるバカとの付き合いに関して、自分の仕事を言い訳にする人がいる。

例えば、予定を組んでいたにもかかわらず、急な仕事が入ってしまったとかで欠席や遅刻をするようなケースだ。

プライベートであろうと仕事であろうと約束には変わりはなく、いついかなる時も必ず約束を守る人間であってこそ、人として信用されるようになる。

そして、自分の都合が何であるかは一切関係ない。相手の約束を果たせない時に、それが仕事であろうと体調不良であろうと別の理由であろうと、相手には何も関係がない。約束を果たさなかったことに変わりはない。

だから何が何でも約束は守るべきだし、仮にそれでも約束を果たせない場合に、仕事だから仕方ない、体調不良だから仕方ないといった態度は厳禁だ。仕事なんて、自分にとって必要で、自分がしたくてしているだけであって、相手には何も関係がない。体調不良だって、大変なのはわかるが、相手のせいでもないのに相手の予定を崩したことに変わりはない。価値あるバカと思われるような人は、他人には求めないが自分に対しては、仕事でも体調不良でも、それをコントロールしきれなかった自身のせいだと思っている。

これはどんな体調不良でも我慢しろという意味ではない。体調不良でも自分から断るのではなく、状況を伝えて相手の提案に従えばいいし、欠席となる場合にも相手の予定を狂わしたことを精一杯真摯に詫びるべきだ。当然であってはならない。

普段からそれだけ約束や自分の口にしたことを大切にしている人は、必ず言動に一貫性を帯びていくようになり、多くの人から信用されるようになっていく。

受けた恩は必ず返す

価値あるバカから受けた恩は必ず返さなければならない。価値あるバカに対して、自分なんかに何ができるのだろうと思うかもしれないが、自分なりの精一杯を返せばいい。

しかし、この意識がなく、いわゆるテイカーになってしまう人が非常に多い。

僕も20人を旅行に連れて行ったり、自宅に100人を招いてホームパーティーをしたり、毎回全て僕が負担した上で主催することが度々あるが、99%の人はテイカーだ。

もちろん僕は見返りを求めているわけではないので、そういう人にマイナスの感情はなく、排除することはない。

しかし、わずか1%だけれど、いつも恩返しを意識している人に遭遇すると、特別に何かその人のためになることをしたいと思う。

そう思われるように恩返しは絶対にした方がいい。

恩返しの方法はたくさんあるが、可能な限り相手にはできないことをするのがいい。

ホームパーティーであれば、単にその辺で買った差し入れを持参するぐらいならしなくていい。そんなことは相手が自分でできることだし、そもそも恩返しとはただ物質的なものではなく、気持ちの問題だからだ。

したがって、もし差し入れを持っていくのであれば、気持ちが伝わるものにすべきだ。例えば、過去の会話で相手の好みを知っていたら、特別に探して手に入れた物を渡そう。甘い物には目がない人だったら、旅先でもネット上でもいいから自分で見つけて、「これは喜んでくれそうだな」と思うものを渡そう。逆に自分が好きな物を共有するのもありだ。相手が知らない、自分だけが知っている魅力ある物や愛が溢れる物をプレゼントするのも、きっと喜んでもらえる。

別に物でなくてもいい。みんなの前で、その人の素敵なところを、エピソードを添えて披露するのでもいい。これはお世辞を言えということではないし、媚びろという意味でもない。純粋な相手への興味や関心や敬意を態度と言葉で示すという意味だ。そのエピソードをほかの人にも知ってもらうことで、純粋にお互いの興味や関心を高め合って、人間関係の構築の一助にしてもらうということだ。気に入られるためだけの太鼓持ちは、必ずバレるからしないほうがいい。

ほかには、自分にとって自慢できる最高の友達を紹介するのもお勧めだ。人の繋がりは、どれだけ実績があって立派な価値あるバカでも、自由に得られるものではないからだ。

素敵な人を紹介するためには、まずは素敵な友達を作らなければならない。素敵な友達を作るためには、自分がそんな人にとって素敵な人物にならなければならない。そのような人を繋いでいく意識を日頃から持っていると、自分自身の行動も変わり、気付けば素敵な人物になっているだろう。

このように、価値あるバカと会う場合には、自分はただ呼ばれて受動的に参加するだけではなく、時間を共有する当事者として、その時間のために何かプラスになれることがないかを考えなければならない。それがテイカーではないという意味だ。

価値あるバカを応援する

価値あるバカは、害悪バカからいつも狙われ、様々ないっちょ噛みの嫌がらせを受けている。特にSNSが必須の現代では、匿名や実名の雑魚から絡まれることも多い。

他人に誹謗中傷やいっちょ噛みをしているような人物は底辺中の底辺でゴミみたいな存在だが、いかに価値あるバカであっても、同じ人間であるはずの他人に絡まれると傷ついてしまうこともある。

特に、匿名者は姿が見えないため、あたかも自分の周りの最大公約数の意見を投げかけられているような気がしてしまうこともある。実際は、貧しい子豚であるにもかかわらず。**逆に、匿名やあまり知らない人から応援してもらうことは、まるでほかにも同じように応援してくれる人がたくさんいるような気がして、誰でも勇気付けられる。**

しかも、他人を小馬鹿にするような人は、例えば10％不快だと思えば気軽にいっちょ噛みをするが、他人に共感する時というのは90％くらい感心しないとわざわざ声には出さない。だからこそ、応援してくれる声は非常に有難い。

ぜひ価値あるバカを応援してあげてほしい。きっと応援してくれる人に対して、感謝して何かためになろうとしてくれるし、社会のためにさらにワクワクを生んでくれるだろう。

信頼してもらうための接し方

価値あるバカに信頼してもらうためには、いかに相手に誠実な関心と敬意を持ち、それを示すことができるかが大切だ。

価値あるバカはその面において自分より優れているわけだから、知識や理解力で勝ろうとしなくていい。決して相手が話していることを全て噛み砕いてよく理解できているやつだと思ってもらう必要はない。ただ相手の話に心から共感していればいいし、それだけで相手には十分に誠実な関心は伝わる。

これは例えば、自分よりずいぶん年下の人と接する場合をイメージしてもらえば理解しやすい。その年下の人に何か質問をされて答えたとする。この時、目線が合っている前提で、「ですよね」と理解を共有したかのように振る舞われたらどう感じるか。一般的には、「おまえ本当にわかったのか？」とか、「背伸びしてるだろ？」と思うケースが多いだろう。

それよりは、新しい発見がたくさんあったという前提で「なるほど！面白い！楽しい！」と聞き入る人の方が可愛げがあるし、成長しそうだなと思わないだろうか。

このように、価値あるバカと接する時には、無理に理解を共有できているとか、自分はバカではないのだとアピールする必要はない。

ただ素直に前向きに真っすぐ相手の話を聞いて、素直な関心を向けていればいい。

また、相手への真摯な関心と敬意があれば、それは目の輝きに表れる。

僕が法律事務所の就職活動をしていた頃、志望する事務所のことや先輩となるかもしれない所属弁護士のことをくまなく調べるようにしていた。これは弁護士業に限らず、民間企業の就職活動でも多くの志願者がすることだと思う。だが、おそらく多くの人は、事務所（企業）研究をして、あなたの事務所（企業）のことをちゃんと調べてきましたということをアピールするためにリサーチしているのではないかと思う。

これは、先ほどの例で言えば、価値あるバカに対して「ですよね」とわかっていますアピールをするのと同じで、相手からすればウザいと思われかねない。いくら調べたところで、経験してきた人達の知見や感性を共有できるはずなどないからだ。

だから僕は、好きなタレントやスポーツ選手のことを調べるようなつもりで情報を入手していた。あなたのことを知っていますとアピールするためではなく、単純に興味を深掘りして、もっと好きになるためだ。

そして、実際に就職活動で面接に臨む際には、あたかも憧れていたタレントやスポーツ選手を目の前にした時のように、会えて嬉しい、もっといろんなことを知りたいと純粋で誠実な関心と敬意を寄せられる精神状態にしていた。そうすると、自ずと目の輝きにも出る。この目の輝きは、演技ではできないし、いくら情報を機械的に収集しても、本当に愛着や憧れ、共感や敬意といった感情がなければ表現できないものだ。

だからこそ、このような姿勢には価値がある。振りではなく、心の底から相手に関心を持てるようなマインドセットが必要だ。

価値あるバカからすれば、小利口を装う人より、素直さと好奇心に溢れ、関心と敬意を払える人物を可愛がりたいと思うものだ。

信頼してもらうためのコミュニケーション（会話）

当たり前だが、コミュニケーションの仕方やその中身は、双方の人間関係によって大きく異なる。しかし、どういうわけか、価値あるバカに対してはこの当たり前を忘れてしまう人が多い。

例えば、前澤さんのような一定の成功者を目の前にすると、「どうして起業したんですか?」とか「成功の秘訣は何ですか?」といった質問を平気でする人が一定数いる。

僕も、「どうして弁護士になったんですか?」といった類の質問をよく受ける。

もちろん、何の悪気もなく聞いているのだと思うが、面接やセミナーじゃあるまいし、一言で簡単に返答できず、しかも相手の人生観や職業観への理解を前提とするような大それた質問を安易にするのは、あまり好ましいとは言えない。答える側に一方的に負担をかけていることを理解すべきだ。

そんないわゆる一行問題のオープンクエスチョンを聞かれたところで、きちんと話そうと思えば長尺になってしまうし、簡潔に話すのであれば、重要なポイントを絞るために聞く側のリテラシーや価値観を想像して、質問の趣旨を踏まえて話さざるを得ない。だから、面倒くさい。この際、適当に話してしまってもいいが、それにしては質問内容が他人の人生観や職業観を問いただすようなものだと、安易に答えられない。

しかも、こういう質問をほかにも複数人がいるような場でする人までいる。こうなってくると、その質問者一人の興味に応えるために、ほかの参加者にも同じ話を長尺で聞かせるのかという問題もある。

さらにタチが悪いのが、この質問者は特に深い興味はなく何気なく聞いているところだ。何気なく聞く質問としてふさわしくないことを理解していないのだ。

ほかにも、人生観に関係するというほどの大それた質問でなくとも、「一番好きな国はどこか」とか「一番好きな食べ物は何か」といった、何らかの条件設定をしなければ回答しようがない質問を投げかけてくる人も非常に多い。

当たり前だが、一番好きな国など決まるはずもない。自然とか、人とか、レストランとか、せめて何かしらの条件設定をしないと話しようがない。

こういう質問をする人は、もしかすると圧倒的に経験量が少なく、その人の場合だと選択肢が非常に少ないためにオープンクエスチョンに感じないのかもしれない。

逆にイエスかノーで簡単に答えられすぎる質問をする人もいる。これだと会話が全く広がらない。

ほかにも、相手の社会的な立場や生活状況をまるで考えていない質問も多い。

例えば、僕が海外に行っている話をすると、「それは仕事なのか、旅行なのか」と聞いてくる人がいる。しかし、サラリーマンのように、その時の活動が組織からの業務命令に基づくか基づかないかといった具合に二者択一で判断できる立場ならまだしも、普通の経営者やフリーランスは仕事と仕事以外の境目が全くないので、全ての活動が仕事と仕事以外の要素をいずれも併せ持っている。

そもそも、何を聞きたいのか不明で、仕事と答えたらさらに何を話すつもりで、旅行と答えたらどうなのだろうか。

このように、話す側が、聞く側の求める回答を想像しながら話さなければならないような質問を雑に投げてくる人も、コミュニケーション能力が低いと言わざるを得ない。

また、ほかの人からも同じような質問を何度もされているであろう質問をする場合には、相手にはこれまで何度も答えてきたことを再度答えさせることになるため、場合によってはうんざりさせるため配慮が必要だ。

こんな話をすると何も会話ができないという人が出てくると思うが、そんなことはない。信頼関係の程度に応じて適度に双方から自己開示しつつ、お互いの基礎的な価値観や情報を共有する中で、相手の深い価値観やプライバシーに踏み込む会話はコミュニケーションの土台が出来上がった段階に応じてするようにしつつ、その上で会話に適度な発展形を意識して、オープン過ぎずクローズド過ぎない会話を試み、終始相手の立場に立って、相手であればどのような回答がくるかを想定しながら会話をすればいいだけだ。基本的なコミュニケーション力の問題に過ぎない。

価値あるバカとの会話では、基本的にはこちら側にとって有難い話をしてもらうわけなのだから、せめて精一杯、相手の立場を考えた配慮をすべきだ。

それでもどうしても土台を少し飛び越えた話をしたい場合には、ある程度会話の方向性を設定した上で話すべきだし、信頼関係がまだ構築できていない状態からそのような話題を振る時は、「不躾な質問で恐縮ですが」と断りを入れてから質問を切り出すなど、いくらでも配慮することはできる。

こんなことは別に特別な意識でもなんでもない。出会ったばかりの異性にいきなり「好きなタイプは?」とか「これまでどんな人と付き合ってきたの?」とは聞かないだろう。これは相手の恋愛観やプライバシーに踏み込む質問だからだと思うが、関係性に応じた会話、段階を踏んだコミュニケーションは、日頃から誰しも気遣っていることだ。それが、なぜか価値ある相手に対しては、急に雑になる人がいるという話だ。

もちろん、合コンであれば、予めそのような質問が来ることは想定できているので、いきなり恋愛観を聞いても違和感はない。同じように面接やセミナーであれば相手の人生観や職業観を問いただすような質問をしても問題はないだろう。その状況にあったコミュニケーションをこころがければいい。

なので、出会ったばかりでいきなり「どうして弁護士になったんですか?」と聞かれた場合の答えは「今の関係性で話せることはない」と言いたいのが本音だ。しかし、こう言ってしまうと冷たくあしらったと思われるので、仕方なく適当に話すことになる。

このように、コミュニケーションとはいかに相手の立場に立てるかということであり、それは単に間合いや言葉遣いや面白いことを言えるかといった技術的な話だけではなく、相手への敬意という配慮が重要なのだ。

ここまで言うと「めんどくせーやつだな」と思うだろう。でも、価値あるバカは、普段からいろんな人から様々な質問を受けている。その意味では何を聞かれても卒なく対応してくれるのだが、そういった配慮をした上でコミュニケーションができればほかの人よりも一目置かれるので、どうせなら意識してみるとさらに信頼関係を構築しやすくなるだろう。

信頼してもらうためのコミュニケーション(メール・LINE)

価値あるバカから信頼を得るために絶対に必要なのは、即レスと、時間だけは必ず差し出すことだ。

即レスは相手への優先度を端的に示すことにもなるし、自分がタスクを滞留させずにマルチタスクでどんどん突き進んで生きている人間であることを示すのにも不可欠だ。即レスする価値のない相手からの連絡の場合を除き、即レスできない人間で優秀な人は一人もいない。逆に言えば、即レスの文化が当然の人からすれば、即レスが来ないだけで、自分には関心のない相手だなと判断されてしまう。

また、相手への関心を示すとは、その人さえいれば他の条件は不要という意味だ。例えば、誰かに誘われた時に、ほかに誰が来るのか、どんな集まりの会なのか、費用はいくらなのかといった様々な条件設定を確認したがる人がいる。

これは言い換えれば、「あなただけでは足りないが、他の条件が揃っていれば関心がある」と言っているに等しい。僕は、誰かに誘われたら、その内容を聞かずに即レスでＯＫと返事する。もし唯一の条件を付けるとすれば、「あなたがいるなら行きます」とだけ言うようにしている。

その他の諸条件を確認している人は、相手から打算的な人物だと思われていることを認識すべきだ。

また、相手に関心があるのだから、自分の都合なんて本来どうだっていいはずだ。相手が誘ってくれたら、物理的に場所が離れていようが、時間的にイレギュラーな時間であろうが応じるべきだ。

予定を合わせるといっても夜の7時から10時のようなゴールデンタイムばかりを提案する人もいる。しかし、価値あるバカの予定はいろんな人の約束で埋まっているのだから、図々しくベストな時間を求めてはならない。早朝だろうと深夜だろうと時間だけは差し出すようにしよう。

他方、自分の都合を優先して、今日は体調が悪い、忙しい、明日は朝が早いなどと理由をつけて断る人がいるが、それでは相手に関心があるというメッセージは伝わらない。

相手はこちら側の都合で動いてくれるわけではない。誘われた時は、それが最後の誘いだと思って、全力で予定を合わせ、どうしても外せない予定がある場合には自分の動かせない予定を明確に相手に伝えて、その時間帯以外であれば駆けつけることを伝えるべきだ。

こんな僕でさえ、定期的に会いたいと言ってくれる人がいる。そして日程を提案すると、明確な理由を言わずに平気で都合が悪いと断る人がいるのだが、どうして向こうから会いたいと言っておきながら易々と断るのか理解不能だ。

自分が相手に最大限の関心を寄せて、初めて向こうからも信頼してもらえるだろう。

価値あるバカを遠ざけないコミュニケーション

価値あるバカは時間を大切にするため効率を重視している人ばかりだ。

そのため、価値あるバカと接する時には、細かいコミュニケーションであっても、相手を煩わせるようなやり取りのないように注意しなければならない。

堀江さんが『NO TELEPHONE』という曲を出していたが、電話でのコミュニケーションは厳禁だ。電話は、発信側と受信側がリアルタイムでコミュニケーションすることを強いるツールだが、かける側にとってその瞬間都合がいいだけで、受ける側にとっても都合がいいかどうかは全くわからないからだ。かといって、今から電話してもいいかといった事前連絡など野暮過ぎて話にならない。

そもそも電話でないと処理できない要件はほとんどない。メールやLINEであれば、相手とは時間差でコミュニケーションが可能であるから、相手は都合のいい隙間時間に確認して返信することができる。

さらに電話で凄く不快なのが、冒頭に「今お電話よろしいですか?」という確認だ。そんな確認を必要としている時点で、受信側に失礼なコミュニケーション手段であることを自覚しているわけで、だったらほかの手段にしろと思う。仮にどうしても電話を掛ける必要があるのなら、無駄な再確認をしている時間でさっさと中身をコンパクトに話すべきだ。

家族や恋人やよほど仲良い友人のように、電話をすること自体に意味がある場合を除き、価値あるバカに電話をする時は非常に注意しなければならない。

また、いちいち再確認を要する質問をする人がいる。

例えば、僕はホームパーティーに来る参加者に、自宅の玄関ではインターホンを押さずに入ってくるように事前に案内するようにしている。これは100人もの参加者が来る場合に、いちいちインターホンを押されると、参加者は一度限りでも、主催者側は100回対応しなければならなくなるからだ。

考えればわかることだが、参加者の中にはインターホンを押さずに他人の玄関のドアを開けることは非常識だという通常時のマナーに囚われて、再確認で玄関前に着きましたと言ってくる人がいる。敢えて事前に伝えているのに、これじゃ全く意味のない無駄な再確認だ。自分の事なかれ主義のために相手の状況を想像すらできていない。

いちいち再確認を求める行為は日常生活にも非常に多い。例えば、レジでクレジットカードを差し出し「クレジットカードで」と伝えているのに、わざわざ「カードで？」と聞き直してくるような具合だ。こういう無駄なことをする人はすぐに仕事のできないバカだと思われるので注意しなければならない。

また、同じく価値あるバカに無駄な返信を強いる連絡をする人もいる。

何度もホームパーティーの例で恐縮だが、例えば、「何か差し入れを持っていった方がいいですか？」といった類の質問を送ってくる人だ。主催者はこれに対していちいち自分で回答しなければならなくなる。

この会話の問題点は、原則何も決まっていないゼロの状態をベースとして設定して、常に具体的な回答が必要になる質問を投げている点だ。これに対して、「差し入れに○○を持っていくので、ほかに必要な物がある場合だけご連絡ください」と送る場合であれば、原則的に○○を持っていくというベースを設定してくれているため、例外的に特別なお願いをする時にだけ回答すればよくなる。

ほかの例では、レストランで待ち合わせをしているとして、店の前で待つか、店の中で待つかを迷ったとして、そんなことはどっちでもいいのは明らかだから、「先に店に入っていますね」と伝えれば相手は既読さえつければ会話として目的は達するものを、「先に店に入っていた方がいいですか」と質問されようものなら、どうでもいい回答が必要になる。

このように、相手がいちいち返信をしなくてもいいように、まずは自分で考えて、例えば原則形を設定して相手からの返信は例外対応の場合のみ必要となるようなコミュニケーションを心がけるべきだ。

さらに、複数人の打ち合わせの際に無駄な挨拶や再確認を繰り返す人もいる。例えば、10人参加している会議であれば、3分無駄にしても30分の損失になるのだが、その意識がないような人だ。

ついでにメールに関して細かい点を挙げると、大して情報価値のないものにいちいちパスワードを設定しセキュリティ化する人がいる。全くの無駄で、相手にパスワード解除の手間をかけさせるだけだ。しかもスマホだとうまく解除できないことさえあるが、相手は常にスマホでコミュニケーションを完結させることを前提に、容易にやり取りができる態様でのコミュニケーションを心がけるべきだ。一度メールを開いてもパスワードのせいで内容確認できないと、そのまま放置されて二度と確認されないものと思った方がよくなる。

このようにコミュニケーションの基本的な注意点については話し出したらキリがないが、バカと思われないように普段から簡単に気を付けられるところは注意しよう。価値あるバカは全員が自然にこの程度のことはしている。これを細かくて面倒くさいと思う人は、一生価値あるバカにはなれないと思った方がいい。

自分の存在を過信しない

僕は長年いろんな活動を多発的にしているし、ホームパーティーでも何十人と毎回参加することから、交流したもののほぼ記憶にない人も無数に存在する。中には連絡先を交換したが、顔も名前も全く覚えていない人さえいる。

それは仕方のないことで、逆に僕も他人に覚えてもらっているとは思わない。

そのため、久しぶりに誰かに会ったり連絡をしたりする際は、記憶喚起してもらうために、「この前は、○○でお会いしましたね」といった具合に、前回会った時のエピソード等を添えて挨拶するようにしている。

他方、何年ぶりかに連絡してきたにもかかわらず、当然覚えている前提で、まともに名乗りもせず、また名前だけ名乗ってその他の情報なくいきなり連絡してくる人がいる。

大変申し訳ないが、LINEを追加してもらっただけで、こちらが登録していない人はたくさんいるし、いきなり連絡をもらっても誰なのか全くわからないことの方が多い。

これが個人間の会話ならそれほど問題ないが、ほかの人もいる場でそんなやり取りをする人がいる。

例えば、相手が女性で僕の家に一度来たことがあるが、僕は全く覚えていないことがある。女性といっても、不特定多数の人が集まるホームパーティーの参加者だから、覚えていないのは当然なのだが、そんな前提情報を伝えずに、「前に一度来たことがある」と何人もの前で言われてしまうと、あたかも僕が女性を家に連れ込んでおきながら顔すら忘れてしまったのかと勘違いされる恐れさえあって迷惑だ。

自分の存在を過信せず、基本的に相手には覚えてもらっていない前提で接するべきで、むしろ一度会った時に覚えてもらえるような接し方を学ぶべきだろう。

自虐をしない

内容にもよるが、簡単に自分を自虐してはいけない。

自虐とは、何か失態をやらかす可能性がある時や自分の欠点が明るみになりそうな時に事前に予告しているに過ぎない。結局は言い訳だ。

言い訳のように自虐するのではなく、自分に対しては堂々と自信を持ち、それを対外的

に表明すればいい。

それでもし何か失態をやらかしてしまえば、その時は謝罪するなり反省すればいい。自虐的な言葉を繰り返すと実態もそのように近付いてしまうし、周囲からも言葉通りに認識されてしまうようになる。また、最初から言い訳を用意していては、いつまで経っても克服できないままとなってしまう。

自分を貶めた上で言い訳までするような行為はすべきではない。

積極的に自己開示する

価値あるバカから少しでも目を向けてもらい、他人との差別化を図るためには、積極的に自己開示していくべきだ。

自分なんかが大して話せることはないと思うかもしれないが、決してそんなことはない。人は等しく一日24時間を過ごすのだから、価値あるバカがどれだけの実績を有していようと、自分しか経験したことがないことや自分しか知らない情報は必ずある。

また、経験や実績といった特別なものでなくても、自分自身を伝えることも大切だ。

昨今、個人情報を隠したがる人は多いが、だからこそ、どんどん開示する姿勢は貴重な価値を持っている。出身地にしろ、家族構成にしろ、自らどんどん自己開示していく人は、それだけで積極性や抽象的なリスクを考えない人であるという人柄が伝わるし、相手を信頼していることを伝えることもできる。**逆に、過度に警戒して、個人情報を隠していると、誰からも興味を持ってもらえないどころか、信頼関係を築くのは難しくなるだけだ。**

新しく知り合った人達で話している時に、どこに住んでいるのかという話になることがあるが、その際、東京だとか何区だとか話す人がいる。せっかくの自己開示のチャンスなのだから、せめて最寄り駅くらい言えと思う。そこから話が広がることもあるからだ。

著名なタレントですらどこのマンションに住んでいるのか世間に知られている人がいるが、その辺の一般人の自宅が目の前の限られた人に伝わったからといってどうってことはないので心配無用だ。

最近出会った人で、何かの話の最中にいきなり自分の給料を言った人がいた。自慢する目的ではなく、普通の一般の会社員の給料でだ。

その辺にいる会社員の給料など、世間的な情報価値としては無価値だが、通常は開示しないプライバシー情報を平気で開示してしまうだけで、この人はガードが低い人間だということが積極的に伝わり、これはこれで面白いと思った。
積極的に自己開示して、信頼を勝ち取っていこう。

LINEやSNSを本名で利用する

今ではLINEやSNSを利用することは人脈を広げるためには必須となっている。どうせなら、それらは本名で利用すべきだ。

価値あるバカは必ずと言っていいほど、過去に匿名アカウントのバカから絡まれたことがあり、多かれ少なかれ匿名アカウントを利用する人物は裏表のある卑怯な人物だというイメージを持っている。

他方、本名でLINEやSNSを利用している人は、リアルな世界だろうとネットの世界だろうと、常に一貫した言動が求められ、裏表を作れなくなるため、二面性のない人だというイメージを持ってもらいやすい。

たかがLINEやSNSの登録名ぐらいで大袈裟ではあるが、日常的なツールだからこそ、いついかなる時も堂々と自分の名前を出し、日々の一挙手一投足の全ての言動について、自分の名前による責任を感じて生きていれば、自然と行動や考えは一貫性を持っていくし、それに裏付けられて哲学や生き様も具体化していくのではないかと思う。

逆に、その時その時で自分の人格やキャラクターを使い分けている人は、いつの間にか人生における一貫性を失っていくし、周りからもそのような印象を持たれてしまうだろう。

僕も、LINEを交換する際に、相手が実名で登録していると、それだけでかなり印象は良い。実名で登録している人の割合は、男性でも2、3割、女性だと1割くらいしかいない。しかも、実名だとわざわざ登録名を変更しなくても誰なのかわかってもらえるというメリットもある。

常日頃から誰に見られてもいい一貫した生き方をしてみよう。

打算的であってはならない

価値あるバカには様々な魅力があることから、多くの人が近寄ってくる。しかし、そんな取り巻きの大半は、価値あるバカの近くにいれば、何かお得なおこぼれがもらえるかもしれないといった打算的な目的で近付いている。

仕事をもらえるとか、奢ってもらえるとか、素敵な異性を紹介してもらえるとか、理由は様々であるが、その人自身ではない副次的な特典を目的として近寄っている人は、必ず相手に見破られてしまうし、本当に価値あるバカと仲良くなることはできない。

だから打算的ではなく、純粋に相手に対して関心を寄せなければならない。

犬が人から好かれるのは、媚びて飼い主に近寄っているのではなく、心の底から飼い主と一緒にいることが嬉しく楽しく、はしゃいでいることが伝わってくるからだ。

価値あるバカは、魅力がある分、不純な取り巻きも多い。そんな取り巻きと差別化するためにも、打算的な目的を捨てて付き合わなければならない。

相手にたからない

価値ある相手は自分よりも優れており、何かしらの実績を有することが多いため、それにたかろうとする人がいる。例えば、相手が経済的に成功していて、お金持ちであれば、きっと奢ってもらえるのではないかといった発想だ。

しかし、価値あるバカに一人の人間として接してもらうためには、対等でなければならない。タカリ精神は必ず相手に伝わるし、絶対にしてはならない。

もちろん、相手が価値あるバカかどうかに関係なく、年齢差が大きいとか、男女の差により、奢ってもらうのが自然なケースは別だ。

本来、価値あるバカと何かを共有できるのであれば、こちらの負担が多くあるべきだ。負担するのは、お金でもいいし、時間でもいい。相手が奢ってくれるのであれば、代わりに時間だけは全力で差し出さなければならない。奢り前提なのに、時間や場所の融通を向こうに合わせないような人は話にならない。

例えば、誰かが何か大きな成功を収めたとする。少なくともその瞬間、その人は価値あるバカな面を有しているわけだが、すぐに「奢って」と言う人がいる。こういう人は、半分冗談だと言い訳しつつも半分本気のタカリ精神を有している。

そうではなく、何か成功を収めた価値あるバカを見かけた時は、「おめでとう、お祝いに奢らせて」と言うべきだ。その瞬間は、相手の方が価値があり、面白い話を聞かせてもらえるかもしれないわけだから、自分が奢ってようやくトントンだ。

そんな発想を持っていれば、価値あるバカからも対等に見てもらえるようになるだろう。

ほかにも、ちょっと下品な例を挙げてみると、港区界隈では男女の飲み会の場合に男性側がタクシー代を出すことが慣習となっている。そこではどちらに価値があるという意識はさしてないのだろうが、もし女性側で、男性側に好意を持ったなら、ぜひタクシー代は受け取らずに「凄く楽しかったので、今日は自分で帰ります」と言ってみてほしい。

男性側は、タクシー代を渡す時は大抵相手を格下に見ているが、そんな女性に対しては、特別に対等に感じるようになるだろう。

実際、中途半端な港区女子はタクシー代を常に欲しがるが、売れている女優やタレントになるとタクシー代など渡す方が恐縮する。

千原ジュニアさんが、結婚相手と婚姻前のデートでタクシー代を渡したら、次回会った時にお釣りを持ってきて凄く惹かれたというエピソードは有名だ。さらに一歩先をいき、そもそもタクシー代を受け取らないという技をぜひ試してみてほしい（本書の読者に港区女子がいるとは思えないが）。

口が堅いこと

価値ある相手と付き合っていくには口が堅いことが必須だ。

これは単に情報やプライバシーをペラペラ喋らないというだけの話ではなく、価値あるバカと付き合う際の向き合い方の問題だ。

例えば、ホームパーティーで立派な人の家に行った時に写真を撮り、そこで見聞きしたものをSNSにアップするような人がいるが、そのような態度は価値あるバカと対等に付き合うのではなく、相手を一方的に消費するようなものだ。

価値あるバカ自体に真摯な興味があるわけではなく、何かネタにしてやろうという邪な考えが先行している状態だ。ネタにするとしても、きちんと相手に興味を持った上で、誰も傷つけないほっこりエピソードに留めるべきだ。

ほかの例で、著名人の女性関係において、一般人女性側が週刊誌にタレコミすることがあるが、それは女性側こそが相手と対等に接しておらず、自分が格下でどさくさに紛れて近付いただけの存在であることを自覚して、相手を売り飛ばしているだけだ。

そんな精神性だからこそ、価値あるバカからまともに相手にされなかったのだと思わざるを得ない。

相手の良い面だけを話すのであればいいが、それ以外に相手を消費するかのようにその場限りの話やプライバシー情報等をペラペラと話していたら、絶対に信用してもらえない。

相手の好きなことに興味を持つ

相手に関心や敬意を払うということは、相手の好きなことにも純粋な興味を寄せるということだ。相手が好きなことは、その人の人格、性格、生活の一部を成すものだからだ。

もちろん単に媚びて相手の趣味を形だけ試してみるというようなことではない。

恋人同士で例えるとわかりやすいが、相手に気に入られるために相手の趣味を真似しようとする人がいる。これはこれで良い試みではあるのだが、単に相手に染まるというような安易な合わせ方で、受け身の関心を持っているに過ぎない。これでは、能動的に相手と価値観を共有して、信頼関係を築くことはできない。

無理やり相手の好きなことに合わせているだけであれば、相手からしても媚びて合わされていることはすぐに気付くし、心から楽しんでいない相手と長期的に楽しみを共有することはできない。

大切なのは、自分自身もきちんと相手の好きなことに関心を寄せ、相手の存在に関係なく、自分自身もその物事の魅力に気付き、心から好きになっていくことだ。

その相手以上にそのものを好きになり、相手を追い越してしまうくらいでちょうどいい。

例えば、僕には凄く仲が良く信頼できる人がいるが、その人が趣味で麻雀をしていたため、僕も学生時代に軽くかじっていた麻雀を本格的に勉強したことがあった。

その後、僕はすっかり麻雀にはまり、プロの試験にも合格し、研修生ながらプロ雀士にまでなってしまったのだ。

当初は一緒に麻雀することだけが目的だったのに、いつの間にか僕は一人でプロ麻雀団体のリーグ戦にまで出るようになってしまった。

このように、相手に媚びるわけでもなく、相手の好きなことにも純粋な好奇心や関心を寄せることで相手との信頼関係を築くことができる。

相手のことを相手よりも知る

相手に対して純粋な関心を寄せていれば、相手よりも相手のことを知ってしまうこともある。

ビジネスであれば、クライアント以上にクライアントのことを知らなければならない。

僕が扱っている案件に関しては、クライアントよりも僕の方がクライアントに詳しくなることがよくある。そのためクライアントの担当者が何かわからないことがあると、「うちの会社ってどうでしたっけ？」と僕に質問をしてくるのだ。

それでこそ、そのクライアントに本気で関心を持ち、何か役に立ちたいと思っていることの証明になるし、成果を上げることができる。

ちなみにこの考えは、先にお話ししたみんなから煙たがられていた上司の弁護士から教わったことだ。その上司のことを毛嫌いしていたほかの弁護士は、こんなに大切な姿勢を学ぶ機会を失っていたのではないかと思う。僕にとっては非常に価値ある上司だったのだ。

また、これはプライベートでも同じだ。

例えば、恋人やパートナーに対して、マッサージをする機会があるとする。その時に、適当に嫌々するのではなく、いかに相手の心身の疲れを取って、癒せるかを本気で考えていると、次第に相手よりも相手の体の構造がわかってくるようになる。相手が気付いていない体調の変化にも気付けるし、そのような姿勢は必ず相手に伝わり、信頼関係を築く大きな土台となってくれる。

イチロー選手は、中学卒業までお父さんと毎日厳しい練習をしていたが、お父さんは毎日必ずイチロー選手の足裏をマッサージしていたようだ。このような接し方が親子の信頼関係の土台となり、厳しい練習を毎日一緒にこなす関係性を支えたのではないかと思う。

ほかにも、例えば手料理を振る舞うのであれば、単に作ってあげているという発想ではなく、いかに相手が美味しく健康的に食を楽しんでくれるかを意識していれば、相手よりも相手の味覚や体調に詳しくなり、日々の食事を通じて、良好な関係を育むことができるようになるだろう。

僕の場合は、手料理はほとんどしないが、外食や旅行の行き先として、常に相手がどれだけ楽しんでくれるかを必ず考えている。だから、相手よりも僕の方が相手の好きなレストランや旅先を見つけられる自信がある。

日々の生活の一つ一つの心がけが、価値ある相手との信頼関係を築き、結果、自分の生活をより良いものにするのだ。

相手からの指摘に冷静に目を向ける

批判や指摘というのは、一定の信頼関係がある場合に相手の立場を尊重して丁寧に伝えた場合にのみ初めて機能する。だが、例外として、その人に実績等の信頼に足る客観的な価値が見出せる場合は別だ。

それがまさに、価値あるバカからの批判や指摘だ。

価値あるバカの考え方は、その人の実績を作り上げてきたものだから、十分参考に値する根拠がある。

だから、一見理解できないことでも、まずは聞き入れて試してみるべきだ。自分にはないものを持っている相手なのだから、すぐには理解できないことも当然ある。

時として、瞬間的に反発してしまっても、相手の言葉を覚えておき、自宅に帰って落ち着いた時に、冷静になってその言葉を思い出してみるべきだ。必ずそこには何かプラスになるヒントが隠されている。

例えば、僕は法律事務所に勤めたての頃、個人営業で多くの依頼を受け、事務所の仕事とは別に月に100万円以上もの売上を上げるようになっていた。弁護士になってわずか数か月で月収総額が200万円を超える月もあり、少し浮かれていた時期だった。

そんな時に先輩弁護士から、せっかく大きな事務所に入ったのに、個人営業で小さい案件を大量に受けていたら、事務所の仕事ができなくなるから止めるようにと言われた。

僕は、とっさにこの先輩は弁護士になりたての後輩がこんなにうまくいっているから妬んで嫌がらせしているだけではないのかと思い、瞬間的に反発してしまった。

しかし、一度家に帰って冷静になって考え直し、そして気付いた。個人営業で獲得できる案件は、就職した事務所にいなくてもいつでも自分一人でできる。でも、いま自分はせっかく希望の事務所に就職することができたのだから、この事務所にいなければできないような仕事に集中しないともったいないと思い直すことができた。

後日、僕は指摘してくれた先輩に感謝の気持ちを伝え、個人営業を一切止めることにした。その直後からタイミング良く事務所から多数の案件に参加させてもらうようになった。もしあのまま個人営業を続けて細々した案件で手一杯になっていたら、事務所の案件をきちんとこなせなかったと思う。

このように、自分よりも実績のある価値ある相手の意見には、必ずプラスになるヒントが隠されている。たとえ、一時的に納得できず、反発したいと思っても、そのヒントを見逃さないように一度冷静になって受け止めてみるべきだ。

無理やりにでも相手を尊敬する

誰しも尊敬している相手の意見は素直に聞けることがあるだろう。

この心理を逆手にとって、相手の意見を素直に聞けるようになるために、意図的に相手に敬意を払い尊敬していくというマインドセットがある。

何度もお話ししている悪態をつく上司の弁護士について、同期の弁護士は、その上司のことを嫌っていたため、注意を受けても苦笑いをして聞き流していた。だが、せっかく自分よりも経験も実績も豊富な上司から教えを乞うチャンスにもかかわらず、相手のことを嫌いになってしまえば、どんな意見も受け入れられなくなる。

それに、先輩や上司を嫌いになったところで、大抵その人間関係から逃れることはできない。どうせ逃げられない人間関係であれば、その関係性の中身を変えてしまうべきだ。

そのためには、無理やりにでも先輩や上司のことを尊敬することだ。自分よりも優れた能力、実績、知識、経験は必ずある。そこに目を向け、自己マインドコントロールと思って、その人のことを尊敬するように意識付けしよう。

これは、奴隷のような社畜になれということではない。そんな受け身の考えではなく、能動的に自らを鼓舞させ、相手との人間関係を良好にするためのマインドセットだ。

そして、実際に上司や先輩に心からの敬意を払えるようになれば、必ず相手の意見を少しは聞き入れやすくなり、その結果、相手も自分のことを大切にしてくれるようになる。

その上司も、最終的には率先して僕の味方をしてくれるようになった。相手からすれば、せっかく自分に敬意を払ってくれて近寄って来た人を無碍にすることはできないからだ。

このようにして人間関係を少しずつ良好にすることで、それまで嫌々聞いていた指導も、必ず素直に受け入れられるようになる。

学ぶためには、相手をリスペクトすることは必須だ。強引でもいいから、他人の価値ある面を見つけ、敬意を払うようにしよう。

他人からの指摘を解きほぐしてもらう

他人からの指摘を聞き入れられるように無理やりにでも相手を尊敬しようという話をし

たが、実際にはそこまで敬意を払えず、相手の意見を聞き入れられないこともある。

これは信頼関係を構築していないのにそのような意見を言う相手にも問題がある。

しかし、どうせなら自分にとってプラスになるように受け入れるに越したことはない。

そんな時は、その人から言われた指摘内容を、自分が信頼している価値ある人に話してみるといい。

信頼できる価値ある人であれば、別の人からの指摘で受け入れられなかった言葉であっても、あなたが受け入れられる言葉に変換して伝えてくれるだろう。

もちろん、全く参考にしても仕方がないものもあるが、内容は納得できるものの、相手との信頼関係がないがために聞き入れられないような場合には、信頼できる価値ある人にその指摘内容を解きほぐしてもらうという方法も試してみよう。自分が素直に聞き入れやすい配慮を踏まえた表現に変換してもらうのだ。

副次的な効果として、そのようにして頼ることで、その価値ある相手から信頼されることもあるだろう。

逆に、あなたが誰かに、別の第三者からこんなことを言われたんだけどという相談を受けた時には、単に共感してあげるだけではなくて、その第三者が言わんとしていることのプラスとなる部分をうまく翻訳して伝えてあげよう。

相手の立場に立って、相手の言動を受け止める

いかに価値あるバカであっても、相手も人間だ。いつも感情の波もなく聖人君子のように振る舞えるわけではない。

時として、理不尽なことを言ってくるかもしれないし、感情に任せて罵詈雑言を浴びせてくることもあるかもしれない。

しかし、相手には相手の立場がある。

例えば、仕事の上司であれば、上司の立場にしかわからない責任と覚悟があり、それに押し潰されそうになったがために、汚いものが飛び出てしまったのかもしれない。また、立場が上であることにうっかり優越感を抱いてしまって、偉そうな態度を取ってしまったのかもしれない。いずれも上司の未熟さによるものだが、人は誰しも完璧ではない。

いつもお世話になっている相手なのだから、そんな時は逆に相手の立場に立って、ぐっと相手の言動を受け止めることも恩返しの一つだ。

恋人であれば、寂しいがゆえにきつい言葉を投げかけてしまったのかもしれない。大切な人が怒っているように見える時は、それは怒りから来ているのではなく、悲しみから来ているものだ。大切な人が怒っている時は、泣いているのだと感じ取らなければならない。

きっと相手は冷静になった時に、自分の言動を反省し、それでも受け止めようとしてくれたことに、さらに信頼を向けてくれるだろう。

相手のとっさの態度や言動だけで、相手の全てを評価し、見限ってはならない。

相手の最悪な状態も受け入れる

先ほど、価値ある相手も人間だという話をした。

だから、価値ある相手でも、最悪な状態に陥ることもある。何かに悩んだり、不安を感じたり、怒ったりして、こちらを傷つけるような言動をとることもあるかもしれない。

しかし、相手が価値ある人間として最高に輝いている時を享受させてもらうのであれば、逆に相手が最悪の状態の時も受け入れなければならない。最高のパフォーマンスを発揮し

ている時だけ付き合うなんて、都合がいい。悪いところも含めて一体となっているのが相手の人格であり人柄だ。丸ごと受け止めるように努めよう。

良い時も悪い時も相手は一つの繋がった人格を有した生身の人間だということを忘れてはならない。

反対の立場に立って考えてみてほしい。あなたが価値ある人間になり、ある人と良好な人間関係が構築できたのに、自分がピンチに陥ったり、危機的状況になったりした途端に、距離を取られてしまったら悲しいし、信頼できなくなるだろう。

そうやって相手の弱いところも悪いところも受け入れることが情けであり愛情だ。相手は言葉にはしないかもしれないが、その積み重ねが必ず信頼を築く。いかなる状態の相手も受け入れてこそ、信頼関係が構築できるのだ。

相手の想像を超えることを楽しむ

価値あるバカと接する機会があった時は、相手の想像を超えていかなければならない。

仕事であれば、求められた成果以上のことをしなければならない。

Appleの創業者であるスティーブ・ジョブズは、市場調査や客からのアンケート調査にはあまり意味がないと言っていたそうだ。なぜなら、そのようなものは客が自分で既に気付いているニーズしか把握することができないからだ。

相手の想像を超えるということは、相手自身も気付いていないニーズに気付き、そこを埋めていくことだ。そのためには、相手に言われたことを卒なくこなすという程度の意識では絶対にダメだ。そんな意識では相手の想像を超えることはできない。せいぜい相手の指示を全うするだけでしかない。

相手の立場を具体的に想像し、相手が何を求めているのか、その相手であればどういうものが必要なのかを考えなければならない。上司と部下であれば、部下の方が時間はあるのだから、上司が気付かなかった部分にまで思考を巡らすことができるはずだ。

そして大切なのは、こういう相手の想像を超えることを、サプライズ感覚で楽しむということだ。サプライズはプライベートの誕生日会のような、わかりやすい私的なイベント時にだけ起きるものではない。

仕事でもプライベートでも、日々の生活、業務の中に、細かいサプライズのチャンスは無数に転がっている。

常に、相手の立場を想像しつつ、サプライズのチャンスを狙っていくようになると、そこに楽しさを感じられるようになる。

そんな人のことを価値あるバカはきっと重宝してくれるだろう。

相手が面倒くさがることを代わりにする

相手のために何か役に立とうとする時は、まずは相手にとって一番面倒くさそうなことを代わりにしてみてほしい。

面倒くさいことを代わりにしてもらえるというのは、その相手にとってわかりやすいニーズの一つだ。

決して自分がやりやすいことではない。多くの人は、自分がやりやすいことの中から、相手の役に立ちそうなことをしようとするが、それでは相手にとって本当に有難いかどうかわからない。下手すると、楽にできることをして、形だけ役に立ったような体裁を整えているとさえ思われてしまうかもしれない。

自分がやりたいことの中からではなく、相手にとって面倒くさそうなことの中から自分ができることをしてみよう。

いつも一生懸命であること

価値ある相手から愛されるためには、いつも一生懸命であることが大切だ。

一生懸命さとはいうのは、いつだって人の心を打つ。

先ほど、価値あるバカの役に立とうという話をしたが、実際には相手の方が優秀なケースであれば、なかなか役に立てることは少ない。

だから、せめて一生懸命であるべきだ。しかも、意外に本当に一生懸命になれている人は少なく、価値あるバカは一生懸命さにきっと興味を持ってくれるだろう。

一生懸命である結果、不格好になっても構わない。斜に構えてはならない。今後ＡＩが完璧な作業をどんどん担ってくれるようになる。完璧ではないが一生懸命であるというストーリーが人ならではの一つの魅力となっていくだろう。

価値あるバカに寵愛されるために、いつも一生懸命でいよう。

敵ではなく味方に目を向ける

さて、ここからは僕が少なからず交流のある価値あるバカの一面について紹介していきたいと思う。彼らから学べることも多いと思う。

まずはＺＯＺＯＴＯＷＮ創業者の前澤さんだ。

前澤さんとはとある事業に関して、1年半ほどご一緒させていただいたことがあった。この間、1〜2か月に一度のペースで打ち合わせをさせていただいたので、前澤さんの人柄を少しだけ知ることができた。

その中でも最も印象に残っているのが、敵ではなく味方に目を向けるということだ。

前澤さんは注目度が高いため、何をやっても敵も味方も大量に発生する。

僕との事業についても、大量のアンチが発生し、様々な勝手な批判がネット上で繰り広げられていた。

そんな時、僕は前澤さんのレピュテーションリスクを気遣い、批判に当たるようなことは何もないという声明を出そうと、声明文のドラフトを前澤さんに共有したことがあった。すると、前澤さんは、サービスのユーザーはどう思っているのか聞いてきた。「ユーザーはそんな批判に関心ないから利用してくれているんじゃないの?」と。

確かにどんな活動にも賛同者もいれば批判者もいる。そんな時に批判者を納得させることに目を向けたところで、賛同者には何の足しにもならない。

常にユーザーにとって何が良いかだけを真摯に考えている前澤さんらしい考えだった。

目の前のことに全力で夢中になる

次は堀江さんに関するエピソードだ。

堀江さんとは5~6年くらいの付き合いだ。堀江さんからしたら、たまに会う弁護士くらいの感覚だと思うが、僕が知っている堀江さんの価値ある面を一つお話ししてみたい。

堀江さんは過去に実刑判決を受けて刑務所にいたが、その時メルマガを書いて外部に発信し、『刑務所なう。』や『刑務所わず。』という書籍にもなった。その中の一つに、刑務作業に凄く一生懸命取り組んでいて、ちょっとした作業効率化を図ることを楽しんでいるというエピソードが出てくる。

当時の堀江さんは、ライブドアを上場させ、プロ野球チームやテレビ局を買収しようとし、首相になるべく国政選挙に立候補するなど、まさに時代の寵児と言うにふさわしく世間を騒がせていた。その直後、収監されてしまったが、彼は地味な刑務作業にも面白がって取り組んでいたのだ。

つまり、堀江さんにとっては、自分の活動が世間からどう思われるのかとか、世間にとってどういう意味をもたらすのかは必ずしも重要ではなく、自分の目の前にあることには何でも熱中して楽しんで取り組むマインドでいるのだと思う。

また、堀江さんとは以前、僕の自宅で人狼ゲームをして遊ぶことが何度かあった。人狼ゲームとは、参加者を多数派の村人と少数派の人狼に分け、人狼同士はお互いが人狼であることを知っているが、村人は誰が人狼なのかを知らないというルール設定で、村人側は誰が人狼なのかを見破っていき、人狼側は村人の振りをしつつ、ほかの村人を人狼に見えるように翻弄するという会話型の心理戦ゲームだ。

ゲームの性質上、必ず嘘をつかなければならないし、卑怯な作戦も必要になってくる。

誰かの巧妙な話術にまんまと騙された堀江さんは、「ふざけるな！」と冗談半分ながらも怒って帰っていったこともあった。

これだけ社会の第一線で活躍し、様々な実績を有する堀江さんであるが、たかがプライベートのゲームであっても斜に構えて適当にこなすわけではなく、いつも全力で一喜一憂できるという純真さを持ち合わせている。

目の前のことに全力で夢中になるという好奇心、探求心、熱中力、純真さが堀江さんの圧倒的な強みではないかと思う。

圧倒的な正義感と仲間想い

メンタリストＤａｉＧｏさんとも、長く仲良くさせてもらっている。まだＤａｉＧｏさんがYouTubeもまともに始めておらず、ニコ生で２０００人程度しか有料会員がいなかった頃からの付き合いだ。僕の自宅や僕が当時経営していたレストランでも何度かニコ生の配信をしてもらったこともある。

ＤａｉＧｏさんは、自分の中の正義感と仲間を想う気持ちが圧倒的に強い人だ。

ホームレス発言で炎上してしまったが、あれは自分が好きな猫への気持ちや猫が殺処分されている現状への思いを過剰に表現しようとしてしまった結果、本来比べる必要のない人の生命を引き合いに出してしまったのだと思う。

いつも友人関係を大切にし、それを自分の中の強い正義としている。万が一、自分の大切な人が傷つけられたら、何が何でも仲間を守るという意識が強すぎるため、最終手段として自分が返り討ちにあってでも仲間を守るという言動に繋がってしまうのだと思う。

炎上した発言は酔っていたこともあり行き過ぎではあったが、そこまで圧倒的な正義感や仲間想いの気持ちを持っていることから、信頼関係のある仲間との関係は極めて強固だ。

そのキャラクターがＤａｉＧｏさんの強みなのだと思う。

誰よりも気配りができて驕らないジェントルマン

元大王製紙の井川意高さんは、3年ほど前に、僕が住んでいたラトゥール代官山のホームパーティーでお会いしてから、何度かご一緒させてもらっている。

井川さんの第一印象は、なんとも色気のあるジェントルマンだ。

井川さんは、あれだけ大きい会社のご子息として生まれ育っており、何となく驕り高ぶった人のようなイメージがあるかもしれないが、リアルな井川さんは本当にいつもジェントルマンで、穏やかな口調で周囲の人を和ませ、常に誰よりも周囲に気を配っている。

宴席では一番年上で、いつも全て井川さん負担なのにもかかわらず、どこの誰かわからないような末席の参加者にも気配りし、飲み物が足りているか、飲み過ぎていないか、帰りの時間は大丈夫か、楽しめているかといったことをいつも気にされている。

過去にはギャンブルにはまり実刑判決を受けているが、もしかしたらその甲斐もあって、経営者然としたトゲトゲしさがいい具合になくなったのかもしれない。元がトゲトゲしていたのかは知らないが、一般的にあれだけの会社を経営していれば、ある程度ムラッ気のある性格にならざるを得ないと思うが、今の井川さんにはそれが全くないどころか、おそろしく穏やかで謙虚なのだ。

ご本人は年齢を重ねるごとにモテていると冗談めかして言っているが、あながち冗談ではないだろう。あの年齢、実績、経歴を持ってして、誰よりも気配りができて驕らないジェントルマンという、僕も井川さんのような歳の重ね方ができればいいなと思う。

大胆さと繊細さを併せ持つ

旧・NHK党（現・政治家女子48党）の立花孝志と言えば、世の中の人はどういう印象を抱いているであろうか。

おそらく、破天荒で無茶苦茶な人だと思っていると思う。実際そうなのだが、実は非常に繊細で緻密な面を併せ持っている。

いつもとんでもないアイデアをぶちまけ、マツコ・デラックスさんに大胆な訴訟をしかけたり、訳のわからない政見放送をしたりと、暴れ回っているのだが、実際に会話をしてみると、何もかも計算づくで、トライアンドエラーを繰り返していることがわかる。

よくよく考えてみると当然のことで、ただのNHKのサラリーマンだった立花さんが、「NHKをぶっ壊す」という一見ふざけた公約を掲げながらも、当時日本に9しかなかった国政政党の党首となっているのだ。何の戦略もなく、ただ奇抜なだけであれば、これだけの実績を上げられるはずがない。ちなみに、国政政党になるには、直近の国政選挙において2%以上の得票率を得ることが要件となっているため、かなりハードルは高い。

いつも突拍子もないアイデアを出し、この人大丈夫か？と思わせるような言動をし出すが、それが数か月経つと、いくつか現実味を帯びてくるということがあり、全ては計算づくであったことがわかる。

また、作業が非常に早く、かつ、細かい業務も非常に得意な人だ。大量に行っている裁判の資料はほぼ自分で作成しており、弁護士の僕から見ても、よく練って考えられていると唸らされることもある。

立花さんはまるでメジャーリーガーのようだ。メジャーリーガーは怪力でバットを振り回してホームランをかっ飛ばしているイメージがあるが、実は走塁や守備を徹底的に緻密にこなしている。それが立花さんのイメージにぴったりだ。

「ＮＨＫをぶっ壊す」というふざけたように見える公約で、ただのサラリーマンが国政政党の党首になってしまう裏には、立花さんの大胆さと繊細さがあるのだ。

1円を守る意識が1億円を守る

青汁王子こと三崎優太さんとも5～6年の付き合いになるが、彼も非常に緻密で繊細だ。彼の今の自宅である青汁ヒルズで僕の誕生日会をしてもらったことがあるし、元は僕と同じラトゥール代官山に住んでいたので、お互いの家を行き来したこともある。

彼がＳＮＳやYouTubeなどで発信する豪華絢爛な生活風景からすれば、散財家のイメージもあるかもしれない。

しかし、実際には仕事においてもプライベートにおいても、非常に繊細かつ緻密で、無駄なお金や時間は絶対に使わない、徹頭徹尾合理的な生活を送っている。

1円を守る意識と1億円を守る意識は同じなのであって、結局は合理性やコスパの問題に尽きるが、それを徹底的に意識しているゆえ、豊かな生活を歩んでいるんだろう（三崎さんの場合は1億円ではなく100億円を守る意識かもしれないが)。

SNSで見せている派手な生活を支えているのは、三崎さんのそんな緻密な行動原理だ。しかも、その緻密さを圧倒的な量で徹底的にやり切るから、彼はこれだけの成功をしているのだと思う。

小さいことに一つ手を抜くと、作業品質が粗くなり、全てに手を抜くことに繋がってしまう。割れ窓理論といって、人は窓ガラスが一枚割れているのを見かけると、ほかも雑に扱っていいと思ってしまい、街全体が荒れてしまうといった心理現象があるが、こうならないように徹底しているのかもしれない。だから、中途半端にお金を得た人ほど、この繊細さがなく、ただ浪費してしまい、生活が長続きしないのだろう。

三崎さんは地に足をつけて自分の力で今の立場を積み上げた分、細かい一つ一つを丁寧にこなすことの大切さを十分理解されているのだろうと思う。

相手の人生や価値観を大切にし、常に相手を主人公と捉える共感力

幻冬舎の箕輪厚介さんは、他人と接する時に、他人の人生を想像し、その人の人生においては当然その人が主人公であり、そこにはその人なりの人生や価値観があるということを感じ取ることに非常に長けている人だと思う。

箕輪さんの圧倒的な懐に入る力と、愛されキャラは、相手の人生を瞬間的に疑似体験するほどに共感してその人を主人公に据えて接する姿勢に由来するのではないかと思う。

だからこそ、誰しも箕輪さんの前ではどんな失態、失敗をしてしまっても、何となく受け入れてもらえそうな安心や情け深さを感じるのではないだろうか。それは、箕輪さんが相手を、相手の人生においては主人公であることを具体的に想像できているからだと思う。

一方、箕輪さんが誰かに怒ることがあるとすれば、その人の人生にとって、「おまえが主人公のくせにそんな曲がったことをするなよ」というような場合なのだと思う。

だから、箕輪さんによる指摘も、決して自分本位の箕輪さん目線ではなく、相手の立場

を前提とした相手目線であることから、言われた側も納得しやすいのではないかと思う。

この共感力、感銘力は、編集者として相手の人生を共感するインタビュー力として機能するだろうし、あらゆる人間関係において、非常に重要で役に立つスキルだと思うが、そのような感性があるからこそ、自分の考えを他人が理解できるような表現に落とし込むこともできるのだろう。

名も無き相手にも偏見なく分け隔てなく関心を向ける

セクシー男優のしみけんさんとは3〜4年の付き合いになると思うが、一緒に食事しに行ったり小旅行に行ったりと仲良くさせてもらっている。

しみけんさんの魅力もたくさんある。珍しい業界での経験談もそうだが、コミカルな考えや言動、そしてどんな相手にも偏見なく、分け隔てなく関心を向けられることもしみけんさんの大きな魅力だ。

しみけんさんは、僕にいろんな人を紹介してくれるが、本当に海の物とも山の物ともわからないような人をよく引き連れている（笑）。それはしみけんさんが打算的でなく、人を実績や知名度や肩書などの入れ物で判断せず、その人の性格や中身を色目を使わず見ているからだと思う。

しみけんさん自身がセクシー男優ということから色眼鏡で見られることもあると思うが（マンションを借りられないこともあるらしい）、自身は他人に対して決してそのような判断をしない人間性が魅力だ。

港区や渋谷区に住んでいると、いつも社会的な実績を勝ち誇る人がたくさんいて、何かの会合になるとマウント合戦が始まることがよくある。そのため、誰かと接する時はお互いがお互いを査定し合っているような気持ち悪い人間関係も見え隠れする。仲が良いように見えて、どこか警戒し合っているのだ。

しかし、しみけんさんは、本当にその辺の無職やフリーターの人が発したその人らしい価値観や発想に対しても感銘を受け、面白がってメモを取ったりしている。

人を飾り物で見ないからこそ、逆に他人がしみけんさんと接する時も、偏見で見られない安心感があるため誰も臆することがない。そのため、周囲の人の心を掴んで離さず、しみけんさんは愛されているのだと思う。

いかがわしい価値あるバカ達

さて、複数の著名人の価値ある一面の話をしてみたが、交流の深さや長さはまちまちであり、決して著名人と親しいアピールをするつもりではない。

ただ、僕が彼らのことを単に有名な○○さんとして捉えているわけではなく、一人の人間として関心を持っていることが伝われば嬉しい。

誤解を恐れずに言えば、彼らは全員ある種のいかがわしさを持っているだろう。それもそのはず、それぞれがほかの人にはない考えを持ち、ほかの人がしないようないろんな活動をしているのであるから、世の中の全ての人から受け入れられることはなく、味方もいれば敵もいるのは当然だ。

さらに、彼らは新しい価値観や社会を生み出していくために、その過程では意図せずとも既存の価値観や社会の一部を否定していく。こういう活動の中からイノベーションが生まれていくのだが、どうしても既存の価値観や社会を前提に頑張っている人達を傷つけてしまうことがある。その結果、反撃を受けてしまう。

しかし、これは広い意味では既得権益によるイノベーターへの抑圧に過ぎない。

一方、そんないかがわしさを持ちながらも各界で一定の活躍をしているのは、その裏に彼らのとびっきりの価値あるバカの一面があるからだ。

いかがわしさに毛嫌いすることなく、そんな彼らの価値ある面を感じ取り、応援し、真似して自分達の武器にすることができれば、きっと自身をさらに価値あるバカへと押し上げられるだろう。人柄として丸ごと好きになる必要はなく、自分の好きな面だけから学ぶだけでもいい。

そして、自分もほかの人からはちょっとくらいいかがわしいと思われるくらいの、価値あるバカになっていけばいいのだ。

第6章

バカだらけの世の中で

価値あるバカとして生きていく

これまで害悪バカの中身を多数のケースを例に考えてきた。少しでも害悪バカの正体が明らかになり、客観視でき、それらを避けられるようになっていければ幸いだ。

また、価値あるバカと近付くためにどのように価値あるバカに接していくべきかについてもお話ししてみた。

害悪バカ、価値あるバカ、それぞれについて考えていくと、意外にバカは世の中にも自分の中にも溢れ返っているのかもしれない。

最終章となる本章では、そんなバカだらけの世の中で、いかに自分自身が価値あるバカとして生きていくかについてお話ししてみたいと思う。

自分の人生は自分が主人公である

害悪バカは他人に執拗に絡みつき、そいつの人生においてターゲットがいて初めて成り立っている。つまり、人生における主人公が他人になっており、そいつ自身は敵役、脇役になっているのだ。それもそのはず、アンチ活動とは、ターゲットを否定するだけのことであって、自身の行動を何ら伴わないからだ。

だから価値あるバカとして生きていくには、常に自分自身に目を向けなければならない。

僕は、リンカーン元アメリカ大統領の有名な「人民の、人民による、人民のための政治」という言葉をもじって、「自分の、自分による、自分のための人生」という言葉を用いることがある。

つまり、①人生の主語は常に自分であり、
また、②人生の価値基準は自分目線であり、
そして、③人生の究極の目的は自分のためにあるということだ。

まず、①人生の主語が自分であるとは、常に自分に意識を向けているということだ。

自分が何を考え、何を行動し、何を成し、何を感じていくかが唯一大切である。害悪バ

力は、他人の言動にばかり目を向けているが、それとは真逆の状態だ。

自分のことばかり考えていると、自分に直接関係しない他人のことはどうだって良くなっていく。他人が活躍しようが失敗しようが、正しいことをしていようが不正をしていようが、自分に直接的な危害を加えてこない限り、どうだっていいのだ。

次に、②人生の価値基準は自分目線であるということは、自分の人生の良し悪しは自分の価値観で決めるということだ。

極端な話、他人の意見は基本的に聞かなくてもいいし、世の中や社会の常識やモラルというものも守らなくてもいい。もちろん、敢えて反抗しろという意味ではないので、自分の価値基準に反しないものは従えばいい。

ただし、本当は納得していないのに、何となく存在する社会の空気感のような常識やモラル、あるいは、他人からの意見を優先してそれらに従う生活を送っていると、いつの間にか自分の人生の価値基準が、自分ではない、他人や友達や上司や組織や社会となっていく。本当は興味がないのに社会からよく見られたいがためにお金を稼ぐといったことも社会の価値観に縛られている状態だ。

いつだって、自分の人生の一つ一つの選択を決めるのは自分の価値基準に基づかなければならない。

最後に、③人生の目的は自分のためにあるとは、いかに自分が楽しいかどうか、成長できるかどうか、自分にとって良い人生かということが究極の目的であることを常に意識するということだ。

逆に、自分の人生を犠牲にして、他人や組織や社会のために動くことは避けなければならない。長期的に見れば自分のためになることならば他人に合わせてもいいが、その場しのぎで自分を犠牲にし、自分のやりたいことを抑えて他人や組織や社会のために動く習慣を持ってしまうと、いつの間にか自分の人生の目的が自分のためではない、誰かのためとなってしまう。

本当はやりたいことがあるのに、社会や会社や家族から反対されたから止めるといったような考えは、人生の目的が自分のためにあるとは言えないだろう。

このような話をすると、ただわがままな人物だと思われるかもしれない。

しかし、わがままで何が悪いのだ。法律の範囲内でわがままに生きることは、自由を謳歌しているに過ぎない。

自分が主人公になるとは、他人から見ればわがままだということだが、それでいいのだ。同様に、他人の人生においては他人を主人公と認めることであり、これは他人のわがままを許容するということでもある。人がその人の人生で主人公となり、自由に生きていくことを認めるためには、他人や社会にとってわがままと感じることを許容していく文化を育むことが必須だ。

価値あるバカは、わがままだとか、自分勝手だとか、いかがわしいだとか言われがちだが、同じような他人のことを必ず許容するのは、他人の人生ではその人が主人公であることを強く認識しているからだ。

逆に害悪バカは、自分の人生を主人公として生きていないことから、人の自由を制約することがどれだけ罪深いか理解できず、他人の自由を許容できない。そして価値あるバカが自分の人生を主人公として生きていると、必ずそれをわがままだと断罪しようとする。

しかも害悪バカは、自身の人生が底辺であることを薄々感じつつもそれを隠しながら自称ヒーローを気取り、世間の常識を盾に巧妙に価値あるバカが社会の敵であるかのように批判を展開させることが非常に得意だ。

そのため、好きに生きていくにはある意味覚悟が必要だ。必ず害悪バカから絡まれ、害悪バカに扇動された世間からも揶揄され批判されるからだ。しかし、とことん好きに生きていれば、必ずほかの価値あるバカと繋がり仲間になっていける。負けないでほしい。

わがままに生きていくと、一見乱雑で下品な人生になってしまうのではないかと思うかもしれないが、決してそんなことはない。

自分の人生における一つ一つの細かい選択の積み重ねにおいて、常に自分の自分による自分のための人生を送っている人は、人生に一貫性がある。それはその人の人柄を作っていき、さらに哲学のようなものを具体化していくことでもある。

そのような生き方は、決して下品にはならず、その人なりの美学を築いていくものだ。他人に何と言われようと、自分では自分の人生を美しいと感じられるようになるはずだ。

人生における正解の選択肢を増やす

自分を主人公として人生を突き進んでいくのに大切なことは、人生における正解の選択肢を増やすことだ。

人によっては、自分の人生の正解はこれだと決めつけてしまい、それ以外は不正解で外れだと考えてしまう人がいる。

例えば、就職活動であれば、A社を志望しており、B社やC社であれば本当にやりたいことはできなくなってしまうというような考えだ。

しかし、人生の選択肢は、数学のように簡単に答えが決まっているわけではない。一見外れだと思った選択にも楽しいことが隠れていたり、逆に正解と思った選択にだって様々な予期せぬトラブルが潜んでいたりするものだ。

そこで僕は、人生の選択として自分が選ぶ候補は全て正解だと思うようにしている。

例えば、クジ箱の中に10個クジが入っているとする。その中の9個がハズレで、当たりは1つだけと考えるのではなく、10個の色合いの異なる当たりが入っていると考えるのだ。そして、その時1つのクジを引いたとするなら、腹を括ってこの色の当たりクジの人生を楽しんでいこうと覚悟を決めるのだ。

こう考えれば、人生の分岐点でどのように進んでいっても、ポジティブに考え、選んだ選択に集中して情熱を注げるのではないだろうか。

人生を「やる選択」で溢れ返らせる

人生では様々な選択に出くわす。

何かをやる選択肢が複数ある場合は、先ほどお話ししたように全て当たりだ。しかし、やるか、やらないかの選択肢であれば、やるという選択が当たりで、やらない選択がハズレだ。

人生を楽しく成功させるためには、その人の能力次第だとか、あるいは結局は運次第だとか言う人もいるが、実際はどちらでもない。人生を通じて、人の能力や運の総量には大きな差はない。

最も差が出るのは、やる選択をした回数だ。

宝くじで例えると、1つのクジの当たる確率は人によって大差はない。唯一、当たる確率を高める方法があるとすれば、1つでも多くのクジを手にすることだ。

実際の宝くじの場合は、手にするためにお金がかかるので闇雲に手に入れればいいわけではないが、人生においては、自分の持ち得る時間やエネルギーを最大限使い尽くせば、やる選択をいくらでも増やすことは可能で、当たる確率を高めることができる。

仕事でもプライベートでも、やるか、やらないかの選択をする時、具体的な理由は一切不要だ。**なぜなら、人はやる理由はあまり思いつかず、やらない理由ばかりを考えるようにできているからだ。考えれば考えるほど、やらない選択に傾いていく。**人は実際のリスクよりも不安や恐怖を過大に感じてしまうからだ。だから、客観的なリスクと不安や恐怖の感情は乖離していることを俯瞰して理解し、それらを無視して感情を補正して取り組んでいけばいい。具体的な理由なんて考えず、常にやる選択が当たりだという結論だけ決めてしまい、意識的にやる選択をしていけばいい。

そして、選んだ物事に対して、一生懸命取り組むことに尽きる。

例えば選択肢が3つあって、どれを選ぼうか悩んでいる暇があれば、3つともやってしまえばいい。

人の能力や運には差はないと思っているが、仮に生まれながらに持っている先天的な能力や環境に差があって嘆いたところで何も変わらない。奇跡が起きることもない。

しかし、やる選択をした数と、その選んだ物事にきちんと向き合って、一生懸命取り組む総量には大きな差が出る。

誰でもできる簡単で当たり前のことでいい。その積み重ねが大きな結果をもたらすからだ。ほかの人がしていることは必ず自分でもできると思わなければならない。

やる選択をすれば失敗することはあるが、後悔することはない。逆にやらない選択をすれば失敗することはないが、後悔や言い訳が残るばかりだ。

あれをしておけば良かったとか、やろうと思えばできたとかかっこつける人生と、あれをしてみたけどうまくいかなかったという人生、どちらがいいだろうか。

やる選択をして失敗しても、その過程できっと経験も人脈も思い出も楽しさも得られる。そこで得たものは次の選択の成功確率を高める糧となってくれるに違いない。失敗とは人生におけるプロセスの一つであって、結果ではないのだ。

恐れず、人生をやる選択で溢れ返らせよう。

「忙しい」「疲れた」「できない」と言わない

先ほど、やる選択だけを取り続けるという話をしたが、どうしてもやらない選択をしてしまう人は、「忙しい」「疲れた」「できない」と言わない生活を始めてみてほしい。やらない選択をとってしまうのは、主にこうした言葉を吐いていることに起因するからだ。

しかし、「忙しい」「疲れた」「できない」といった言葉はいずれも主観的な気持ちに過ぎず、何ら客観的な根拠はない。それでも口癖のように、いつも自然と「忙しい」「疲れた」「できない」という言葉を発していると、本当にそのように思えてきてしまう。

というのも、人の脳は単純で、言葉にしたことや頭の中で考えた言葉と感情が結びつくようにできているからだ。

漫才のボケとツッコミの関係がわかりやすいかもしれない。ボケによって、そのシチュエーションに対して、抽象的なモヤっとした面白さが生まれる。そして、ツッコミが的確に言語化することで、抽象的な面白さが一気に具体化されて、感情の解像度が上がる。こうした経験は誰しもしたことがあるはずだ。

映画を観て感動した後、それを解説した評論を見ると、その感情の解像度が一層高まって感じることができるのも同じだ。

このような考えは、一応言語心理学として科学的に研究されているようだ。人種によって用いる言語が異なるが、言語の種類によって特定の感情をうまく表現できる言語もあればそうでない言語もあり、どのような言語を用いて日々生活しているかによって、その人の感受性に影響が生じるというものだ。

日本でも昔から言霊と言われているものかもしれない。

このような脳の構造を逆手に取るのだ。

つまり、「忙しい」「疲れた」「できない」を一切用いない生活を送っていると、自分の感情の中から、「忙しい」「疲れた」「できない」という感情がなくなってしまうのだ。

実際、僕は27歳くらいの時にこの人間心理に気付き、そこから今日に至るまで、自分自身に関して「忙しい」「疲れた」「できない」という言葉を意図的に使わないようにし、一度たりとも使ってこなかった。

もちろん、身体的に疲弊することはあるが、自分で自分の体の状態を疲れているとは意図的に考えないようにしていた。事務所に勤めていた時は、どうしても顔色が悪い時などはほかの人に見られないように隠れて休んでいたぐらいだった。わざわざ疲れているアピールをする人がいるが、そんなことをすればそれ以上、仕事や遊びに誘ってもらえなくなるだけでマイナスしかないからだ。

このように過ごしていると、本当に、自分の中で「忙しい」「疲れた」「できない」という感情を生まなくなっていくのだ。

すぐに実践できることだから、今日から「忙しい」「疲れた」「できない」やその他のネガティブワードを発しない生活を送ってみてほしい。

今日を必死に生きる

人生は長いようだが、僕達にできることは今日を積み重ねることとしかない。将来をどれだけ考え、先のことを語ったところで、将来の自分を作るのは今の自分しかない。変化の速い現代で、将来のことは予測できないが、今日のことだけならリアルに考えることができる。

逆に、過去をどれだけ語り、自慢し、嘆いたところで、過去を変えることはできない。もし10年前に戻りたいと思うのなら、その10年間を今日から始めればいい。

今日は、未来と過去の中間地点ではない。未来とも過去とも分断されたリアルな一日でしかない。

今日は未来の準備期間ではない。抽象的ないつかを想像して、今を助走期間と捉えてはいけない。未来と今日には有意的な繋がりはない。将来のために今日を犠牲にしていいものではない。

スティーブ・ジョブズのスタンフォード大学での有名な卒業式のスピーチがある。YouTubeでも字幕付きで多数投稿されているので一度観てほしい。その中で、ジョブズは将来に向かって線を引くことはできないという話をしている。

僕達にできることは、将来とも未来とも分断された今日、必死に生きた証である「1つの点」を打つことしかできない。

しかし、毎日必死に点を打ち続けていけば、後々振り返ってみた時、点と点が繋がって線になっているように見えることがあり、それが人生において何かしらの達成を物語ってくれるという話だ。

みなさんは、小さい頃に、いま頑張れば将来、楽ができるという話を聞かされたことがあるかもしれない。

この言葉を、今と将来が繋がっており、今の頑張りが将来を楽にさせてくれるという意味で理解してはならない。例えば、良い会社に入れば引退するまで楽に生活できるといった意味では決してない。

今日を必死に生きるという点を打ち続ける生き方をしていくと耐性ができ、また困難を楽しみに変換できるマインドセットも可能となっていく。そのため、将来どんなことが起きても余裕を持って楽しく対応できるし、将来は将来でさらに熱い点を打つことができるから、毎日を楽しく熱中し続ける人生をいつまでも送っていけるというのが本来の意味だ。

さらに、僕は仕事でもプライベートでも、ハードワークを強く推奨している。ハードワークとは、仕事に限らず、毎日の生活において、圧倒的な情熱をもって、圧倒的にやる選択をこなしていくという意味だ。定量的に説明すれば、仕事だと月に400時間を超えるハードワークだ。人生においてほんの短期間だけでもいいから、実践してみてほしい。

僕がハードワークをして学んだのは、それだけの点を打っていると、自分の中の最大出力が高まっていくということだ。少しずつ限界を超えることが可能になり、搭載されるエンジンが改良されていくのだ。

こうやって、今日を必死に生きていると、自分の身体や心の最大エネルギー量や情熱量が更新されていく。

こうなってしまえば、後々の人生も、ほかの人がいっぱいいっぱいになるような物事に対しても、圧倒的な余裕を持って、気楽に楽しく情熱的に取り組んでいける。

この意味で、いま頑張れば将来に楽ができるのだ。

特に、精神が肉体を凌駕できることは多い。体力的に疲弊していても気力が尽きなければいくらでも活動することができる。歳を重ねれば体力的には行動範囲が狭くなっていくが、精神的には逆で年々力強くなっていく。

今日、その一瞬一瞬に熱い点を打ち続けて、自分の最大情熱量を引き上げておくと、いつまでも若々しく、情熱的な精神状態を維持できるようになる。むしろ、肉体的に若い時よりもフレッシュな精神を保てるようになる。

このような精神は、加齢による肉体の衰えを十分に補ってくれる。歳を重ねても、いつまでもやる選択をし続けることで、楽しくエネルギッシュな人生を送っていけるようになる。

5％の小さな積み重ねを大切にする

一日一日を熱い点を打ち続けていこうという話をしたが、これは何も特別なことをしようという意味ではない。

経済的な成功でも社会的な成功でも、自分の夢や目標を達成するのでも、そのために大切なことは、唯一、誰でもできる当たり前のことを誰よりも積み重ねることだ。

ほんの少しの小さな積み重ねを継続させること以外にない。

例えば、僕が弁護士資格を有し、一定の経済力を有するようになったことについて、いつからそんなに仕事ができるのかとか、いつから賢いのかと聞かれることがある。また、世界中を一人で飛び回っているので、いつからそんなに体力があるのかとか、いつからそんなに度胸があるのかとも言われる。さらには、これらに対して、何かうまくやるコツはありますかという質問も受ける。

こういった質問は、おそらく、僕は生まれながらに特別な才能や素質を持っているとか、何か人生の途中で特別な出来事があって特殊能力を身に付けたとか、さらには何か特別にうまくやる方法を知っているのではないかという疑問から来るのだと思う。

要は、凡人の人生にはない、恵まれた何かがあるのだろうという前提の質問だ。

しかし、いずれも全くそんなことはない。

世の中の人達と異なることは何もない。生まれながらに特別な才能があったわけでもないし、何か特別な人生を送っていたわけでもない。ましてや、人生をワープさせるような特別な方法やコネを有していたわけでもない。

僕が実践してきた唯一の方法は、今日、100%頑張った後に、あと5%だけ頑張ってみる。ただ、それだけだ。少しだけ無理して、限界を超えて頑張ってみる。この繰り返し以外にないと思っている。

僕は体力やバイタリティには圧倒的な自信があるが、これは生まれながらに持っていたものや、エベレストを登頂するといった特異な経験によって開花したものではない。むしろ、僕は生まれた時は早産だったため1900gもない未熟児で、保育器で育てられた。幼少期は常にクラスで一番背が低かった。高校生の頃からはIgA腎症という難病を患い、毎月病院に通い、毎日食後に薬を飲み、様々な生活制限があった。自分自身に対して、自分は強い人間だという自信が持てる環境ではなかった。

しかしその分、できることをしていこうという思いだけはあった。体が貧相だからこそ、野球部に入り、自分なりに小さい積み重ねをしていった。ほかの人がサボっていても自分だけは真面目に練習するようにした。たかが学生時代の部活動であっても、小中高で10年間も所属しており、小さな積み重ねをこれだけ続けるといつの間にか他人よりも強い体になっていった。

メンタルに関しては、法科大学院で司法試験の勉強をしている際、受験生の中には自信をなくして勉強に集中できない人がたくさんいた。正直、2〜3年という勉強期間を最大出力で乗り切るには、精神的にタフでないと厳しい。しかし、弱っている受験生は不安を口にするぐらいで、メンタルトレーニングを何もしていなかった。

その時、僕がしていたメンタルトレーニングの一つが、パソコンのアカウントのログインパスワードを「shuseki1」にすることだ。字の通り、「首席1番」という意味でつけた。学内で一番かどうかは別にどうでも良かったが、語呂が良かったのでなんとなく初期設定時に冗談半分でそうしてみたのだ。

たかがパスワードを「shuseki1」にしただけだが、一日のうちにアカウントにログインする機会は複数回あり、その度に「shuseki1」と打ち込む。そのついでに、根拠はないものの「自分は首席で、一番になるくらい良い成績をとれるんだ!」と自分に言い聞かせていた。すると、無意識のうちにメンタルに好影響を及ぼし、自分を支える自信に繋がっていくのだ。

社会人になってからも、仕事において小さい積み重ねを続けた。例えば、法律事務所だと定時はないが、20時頃になると何となく半分くらいの人は帰っていく。さらに22時くらいになると残っているのは数人になる。24時を回ると同じ所内の人は全員帰っていった。でも、僕の手元には1つだけ小さいタスクが残っている。このまま帰っても問題ないけど、ここでもうひと踏ん張りしてタスクを空にしていけば、明日大きな事件が振られた時に全力で集中して取り組むことができるかもしれない。だから、もう1時間だけ残って作業していく。こういう、もうひと踏ん張りの積み重ねだ。

また、毎日のように24時以降まで業務をしていると、体も辛くなってくるし、モチベーションが続かないこともある。だから、たまに早く帰り(といっても23時ぐらい)、近所をジョギングして体を鍛えていたし、いつもイメージトレーニングをして、自分は優秀なビジネスパーソンとなるプロセスを歩んでいるのだと自尊心を高めるようにしていた。

一日だけで考えたら、そこまで特別なことはしていない。ただ、これをいかに繰り返して積み上げていけるかだ。本当に些細なこういう積み重ねを、一日一日の普通の生活の中にいろいろと取り入れていくのだ。特別なことは何もしていないし、そんな裏技のような方法はない。

ただ、自分が持っている力を5％余分に伸ばしてみるということを繰り返すのみだ。今日はもう終わりにしようと思ってから、ほんの少しでいいから積み重ねてみる。これは仕事でもプライベートでも同じだ。

しかし、小さな積み重ねをしているうちに、自分の100の力が105になっていく。そこからさらに5％を積み重ねると110になる。このようにして、いつの間にか小さな積み重ねが小さなものではなくなっていく。

このような長年の小さい積み重ねで、大抵の夢は現実に叶っていく。

一貫して自分自身の評論家となる

これまで、他人の言うことは気にせず、自分の人生では自分が主人公となって好き勝手に生きていこうという話をしてきた。だが、当然それは野放図に自堕落な生活を送るとか、場当たり的に無計画に生きていこうという意味ではない。

究極的には、誰の意見も聞かなくてもいいし、社会のルールやモラルもさほど気にしなくてもいいが、自分だけは自分を常に監視し、自分の哲学、美学に沿っているのか、また、点を打ち続ける上で自分の望む生き様について、一貫性をもって具現化できているのかを自問自答し続けなければいけない。いわば、自分で自分自身の評論家になるようなものだ。

自分の行動を決めるのは、最後は自分しかいない。

他人からの監視や社会のルールに従うことを理由に自分を律しているようであれば、誰にも見られていない状況であればタガが外れてしまう。

そして、何かを成す時には、派手な積み重ねは不要だ。そんなものは一見必死になっていることをアピールするだけのもので、何の実態もないし継続性もない。本当に何かを成させるものは、誰でもできる小さなことを誰よりも積み重ねた先にある。毎日限界を少しだけ超えて、5%余分に踏ん張れるかどうかにかかっている。

そんなわずか5%の踏ん張りは、他者にアピールできるような派手なものではないし、そんな地味な小さな積み重ねは他者からの評価の対象にもならない。5%を積み重ねようがサボろうが、誰の目にも止まらない。

唯一、小さな一つ一つの積み重ねを一貫して継続させるためには、自分自身による監視以外にない。だから、他人ではなく自分で自分を律していかなければならない。

特に現代では、すぐにブラック労働だパワハラだと問題になるため、学校も会社も組織も上司も厳しく強制してくれることはない。その分、自分で自分を追い込む以外に自分を成長させることができない。自らそうできる人だけが現在の自分をぶち破って飛躍することができる。

働き方改革だとかゆとり教育といった緩やかな環境が流行りであるが、これは自分を律することができる価値あるバカとそうではない害悪バカの分断を加速させる。これまでは害悪バカであっても、社会が厳しく監視してくれたから、ある程度の成長を遂げることができたが、このような非監視社会では一層の格差を生むことを覚悟しなければならない。

さらに大切なことは、自分の人生や人格は一本の道で繋がっていくということだ。会社が変わっても、仕事が変わっても、家族や友達が変わっても、自分は一本で続いていく。

社会や組織や人間関係から逃れることができても、自分自身から逃れることはできない。

他人や社会からの目を意識した行動を取っていると、他人や社会から問題視されなければ、自分を曲げてもいいという考えに至ってしまいがちだ。

例えば、友人を裏切ってしまっても、その友人との関係は断絶されて今後関わらなければ実害がないように思うかもしれないし、会社を酷い辞め方をしても、次の転職先で頑張れば過去のことはバレずに遮断できると思うかもしれない。

しかし、自分の人格は一本で繋がって継続しているのだ。その時その時の環境によって、場当たり的に社会からの批判を避けられればいいと思って行動していると、自分の言動の一貫性はなくなってしまう。自分のポリシーに反する行動をした後、たとえ新しく所属する小さな社会では過去の自分の過ちがバレていなかったとしても、自分の自分に対する評価は知らず知らずのうちに下がってしまう。誰よりも自分が自分のことを見ているからだ。

一貫性のない言動をしていると、自分自身に対する信頼がなくなっていく。いざという時に、自分が絶対に踏ん張ってやり切るという覚悟や自信がなくなっていく。自分を信じられなくなるし、やり切らなくても簡単に言い訳を見つけて自分を許してしまえるようになってしまう。

だからこそ、目の前の組織や人間がこれっきりの関係であっても、自分の人生や人格の一つの積み重ねである以上、誠実に必死にその日を全うしなければならない。
　このようにして、自分こそが自分の人生や人格に対する一貫した評論家となり、小さな積み重ねをし続けていると、自分を疑うことがなくなっていく。誰に信頼されなくても、自分が自分のことを一番信頼している状態になっていく。自分こそが自分を一番見ていて、これまでの積み重ね、今積み重ねていること、それらが一貫して自分の哲学や美学を具現化させるプロセスの真っただ中にあることを自分が一番良く理解できている状態だ。
　当たり前だが、その辺の害悪バカとは、自分に対する内在的な自信や情熱が全く異なっていく。バカのスカスカな批評など全く耳に入らず、ただのインベーダーゲームだと思うようになる。自分が心から欲する評価は、他者からの評価ではなく、一貫した自分の美学に沿って自分が思い描く理想像の自分から、いかに現実の自分を褒めてもらい、認めてもらえるかだけとなる。

そして、現に今、自分の哲学や美学の具現化プロセスを一つ一つ積み上げていることの認識こそが、自己肯定感の正体だと思う。

もっと自分に興味を持ち、自分を好きになり、もっとわがままに自分の人生の主人公として生きていくと、ますます自分自身の評論家としての解像度が上がっていく。その上で一日一日を過ごす好循環に入れば、すでに周りからは価値あるバカとみなされるように

なっているだろう。

好きなことを極める

小さいことを一つ一つ積み重ねながら、好きなことを極めていこう。その対象は何だっていい。仕事でも、遊びでも、趣味でもいい。

僕が弁護士であり、一定の経済力を有していることもあり、あたかも同じように仕事を極めなければならないと思うかもしれないが、決してそんなことはない。

お金にならないことだって構わない。お金も所詮は人生を彩りある楽しいものにするためのツールに過ぎない。ツールを介さずに直接楽しいことが得られるならその方がいい。

メキシコ人漁師の物語というものがある。

メキシコ人漁師に、小さな網でとても鮮度の良い美味しい魚を獲っている人がいた。彼を見かけたアメリカ人旅行者は、その漁師にこうアドバイスをした。

「それだけ釣りが上手ければ、もっと大量に魚を獲って販売したり、組織化したりしてやれば大儲けできるぞ」と。

そう言われた漁師は、そのアメリカ人に聞き返す。

「大儲けしたら、どういういいことがあるのか」

アメリカ人は、「お金をたくさん得ることができれば、毎日好きなことができるようになる。夢のようだ」と答える。そして、「そうなったら何がしたいかい？」と再度漁師に尋ねる。

すると、漁師は「一日中釣りがしていたい」と答えた。

現地でジョークとして伝わっている話だが、これは非常に大切な考え方だ。つまりお金は人生におけるツールに過ぎず、ツールを使わずに楽しいことや好きなことが得られるならお金なんて不要だということだ。

だから、必ずしもお金にこだわらずに楽しいこと、好きなことは何かを探して試して追求し、極めていこう。それだけで人生は際限なく彩りあるものとなっていく。

僕の場合は、旅と食事と冒険が好きだ。どれも多少お金をかけてしまっているが、お金をかけずに同じようなことをしている人もいくらでもいる。

そして、僕は2023年7月時点で、世界の170か国を旅し、世界中にあるミシュラン三ツ星139店のうち136店に行き、世界七大陸の最高峰に登頂している。ちなみに、世界七大陸の最高峰とは、アジアのエベレスト、北米のデナリ、南米のアコンカグア、ヨーロッパのエルブルス、アフリカのキリマンジャロ、オセアニアのカルステンツピラミッド、南極のヴィンソンで、これを達成した人は日本では数十人しかいない。さらに、旅した国の数やレストラン巡りを掛け算すれば、僕は、旅と食事と冒険については、誰よりも地球を遊んでいると自負している。書籍なのでわかりやすく説明しているが、もちろん他人との比較は不要だ。

余談だが、僕は高いものも安いものもどちらも全力で楽しむようにしている。人によっては経済力があまりない場合に、高いものを楽しめないのは仕方がない。他方、経済力があると、なぜか以前は楽しんでいた安いものには手を付けないようになり、高いものばかり楽しむようになる人もいる。

本来、値段に関係なく、安いものも高いものも、楽しいかどうかで選ぶべきだ。

さらに僕は、経済力のない人も含めて多くの人が手を付けない最安値のものも楽しんでいる。例えば、旅先では数百円のゲストハウスで世界中から集まったよくわからない旅人達と同じ部屋で雑魚寝になることもある。

こういうものを楽しめるかどうかは経済力ではなく、楽しみの許容性の問題だと思う。

一般に経済力のある人はそれだけ社会的な成功を収めたわけで、人よりも優れた価値あるバカな面があるわけだ。人より優れているのであれば、多くの人が許容できない楽しみまでもノンストレスで楽しいと思えるような人間でありたいと思う。お金を稼ぐことで、過去には楽しめたことが楽しめなくなってしまうなら、それは手段と目的が逆転してしまっている。

だから今でも、平均的な人が高くて手が届かないものも楽しむ一方、多くの人が許容できないものも楽しんでいる。

それでこそ、地球遊びを極めているというのが、僕の美学なのだ。

いかがわしさを大切にする

お金は必ずしも必要ではないと言った。だが、人生の選択肢を増やすためにお金はあって困ることはない。従来であればマネタイズができなかったような趣味も、今では極めることで得意分野としてマネタイズできることもある。オタクがお金になる時代だ。

自分が好きになれそうなものなら、遠慮せず、恥ずかしがらずにどんどん極めていこう。

今の時代、中途半端に学校で勉強し、そこそこの大学やそこそこの会社に入るより、趣味を極め切った方が稼げて、好きなことをし続けられる世の中だ。

また、何かを極めるということは、個性を出すということだ。それは自分自身をキラキラと輝かせてくれるものだし、さらに価値あるバカと仲間になれるだろう。

一方、個性を発揮し、目立つようになると、ゾンビのように害悪バカが寄ってくることも多くなるだろう。しかし、例えばＳＮＳでどれだけ害悪バカが湧き上がって取り囲まれたとしても、リアルな人生においてはゼロカウントだ。害悪バカに絡まれても、それは個性を発揮できている証拠だと自覚するだけでいい。

他方、目立った結果、価値あるバカとリアルで繋がって、お互いの人生をさらにより良いものにしていくチャンスを切り拓くチャンスとなることもある。価値あるバカはいつだってポジティブで、自分と異なる目立つ他人を許容し、同じような価値あるバカを探し続けているからだ。

個性を発揮した結果、１万の害悪バカを寄せ付けたとしても、その隙間から１人でも価値あるバカと仲間になれたなら、リアルな人生において足し引きすればプラス１が残るという計算になる。害悪バカはどれだけ集まってもリアルではゼロカウントだからだ。

多くの人は、子供の頃、大人になったら好きなこと、やりたいことができると言われたことがあるかもしれない。また、個性を育てようと言われてきたかもしれない。

しかし、いざ大人になってみて、社会に出てみると、いかに社会の空気感や目に見えないルールやモラルに縛られ、自由を奪われてしまっている人が多いことか。

好きな人生を送り、個性を発揮しようとすると、それがたとえ法律に反するものでなくても、いかがわしいと揶揄され、小馬鹿にされ、色物に見られてしまう。

欠点やコンプレックスはとことん叩かれ、特徴や長所までも揶揄され弄られ、消し去られてしまう。

今の世の中は、自分自身に対しても、他人に対しても、社会に対しても、いかがわしいものに対する許容度がなさすぎる。個性や多様性を求める振りをしつつ、毒にも薬にもならない平均的な人以外は叩かれ、弾かれてしまう。

人は、社会は、組織は、会社は、学校は、もっといかがわしくていい。

仕事においても、社会に大きなインパクト与えるほどのエネルギーを持ち、それを長期的に発揮していこうとすれば、強烈な個性を無限連鎖で爆発させていかなければならない。それは、他人から見ればいかがわしく、社会の空気感やモラルを破ってしまうこともある。時として、ちょっとした法律違反さえしてしまうかもしれない。

スティーブ・ジョブズは、圧倒的な個性とバイタリティの持ち主で、まさに社会にいくつもの革命を起こしたが、その過程では滅茶苦茶な人物だったと言われている。もちろん、聖人君子な人間がこの世に存在し得るのであれば、そのような人物が社会を変えていけばいい。しかし、実際にはそんな完璧な人はいない。

社会を大きく変えていくような人は、いかがわしさを持ち合わせながらも、それまでの社会の規範にはなかった意思を固く一貫して貫いてきた人ばかりだ。

もし今の日本で、ジョブズがスタートアップを創業させていたらどうなるだろうか。羽ばたく前に、四方八方から批判され、スポンサーや顧客にまで嫌がらせを受け、キャンセルカルチャーにより妨害され、あっという間に潰されてしまうのではないだろうか。

もちろん、時代の違いもあり、アメリカでも今であればまた違う結果となるのかもしれないが、いずれにしても、いかがわしさを許容した先に、人は何か大きなことを成していくのではないかと思っている。

革命という言葉は大げさだし、社会を変えるというような大それたものである必要はない。一人一人、自分の人生において、自分を主人公として、自分のやりたいことに挑戦し、自分の美学や哲学を具現化させる過程において積み重ねていくことで、限界突破して自分自身の殻を突き破っていくことができるのだと思う。そして、その過程では、少なからずいかがわしくなってしまうこともあるが、それが許容される社会であるべきだと思う。

オウム真理教のような集団にでも向かっていかない限り、もう少し社会でリスクを取って人々のいかがわしさを見守り応援して育てていくような社会であってほしい。
それでも現代での革命なんて、誰かがリアルに血を流すようなものではないのだから。もっと人は自分勝手でわがままで、良くも悪くも目立ち、うぬぼれ、害悪バカを排除し、価値あるバカと繋がり合って、社会全体にワクワクをまき散らしていってほしい。

本書の最大の趣旨は、少しでも多くの人が、害悪バカからの嫌がらせに屈せず、個性を発揮して様々な活動を積極的に取り組み、価値あるバカとなっていくことであるが、さらに、他人のいかがわしさについても、自分の中にあるいかがわしさについても、少しでも応援できるような世の中にしていくことを願ってのものだ。

人がいかがわしくなることに少しでも、ためらいなく勇気を持つきっかけになってくれないかという一心でお話ししてきた。いかがわしい者同士が互いに手を取り合い、結託して害悪バカを排除し、さらなる積み重ねをしていけるような社会になっていけば、社会全体を押し上げるワクワクが生まれるのではないかと思っている。
僕ももっといかがわしくなっていくので、本書を手に取ってくれた人の中で、さらにいかがわしくなって、お互いにどこかで繋がれることを願っています。

おわりに

本書の執筆依頼を受けた時、何を書けばいいのかわからなかった。そのため、最初は僕がここ何年かで接した害悪バカについてつらつらと書いてみた。どうせなので特定の人物を明示して書いた方が面白いと思ったが、一般人を書くと怒られそうなので、僕に絡んでくる害悪バカの弁護士達について書いてみた。結局、その他の分量が多くなってしまったため、その箇所は丸ごとカットすることになったが、ｎｏｔｅなどで別に発表したいと思う。

ただ、害悪バカの話をつらつらと書いているうちに、こういうバカ弁護士達も一応は司法試験に合格して、人のために活躍しているんだろうなと想像すると、人とは完全な害悪バカと完全な価値あるバカに二分できるわけではなく、一人の人の中に害悪バカの面と価値あるバカの面が混在しているということがわかってきた。

そして僕自身の過去を思い返してみても、他人の陰口を叩いたことはあまり記憶にないが、わけのわからない抽象的リスクに怯えて挑戦を躊躇していたことはあったなと思い出した。
　そこから、単純に害悪バカを批判して価値あるバカを称賛するのではなく、人それぞれに秘める害悪バカをいかに消し去り、価値あるバカをいかに膨らませていくかという発想に変わっていった。

　当初は、昨今の著名人の自殺報道を喫緊の課題と捉え、第一に害悪バカの正体を明かし、害悪バカからの防衛術だけを述べるつもりだったが、結局、害悪バカから価値あるバカに転生させる流れとなっていった。その意味でバカ弁護士達には感謝したい。

　本書を読んでもらっても、アンチ活動を活性化させる人と、自分もこれからは害悪バカの活動は止めて価値あるバカになっていこうとする人に分かれていくと思う。さらに応援してくれる人もいれば、さらに揶揄して批判してくる人もいるだろう。
　そういった人々自体を分断することは望む形ではないが、害悪バカという個々の人の底辺中の底辺の集合体を社会のみんなで結託して消し去っていくという活動に向かう一助となってくれたらいいなとは期待している。

本書を読んで共感してくれた方がいたら、リアルでもＳＮＳでも繋がってくれたら嬉しいなと思う。一緒に害悪バカと戦い、価値あるバカとなっていきましょう。

［著者略歴］

福永活也（ふくなが・かつや）

冒険家弁護士。名古屋工業大学を卒業後、24歳までフリーターとして過ごす。その後、関西大学法科大学院を経て、27歳の時に司法試験に出願者数7842人中56位の成績で一発合格。弁護士として働き始め、5年目にして独立。独立1年目から2年連続して弁護士業のみで年収5億円を突破し、「日本一稼ぐ弁護士」となる。その後、不動産投資、レストラン・モデル事務所・人狼ゲーム店舗の経営等、幅広く活動。冒険家として、エベレスト登頂を含め七大陸最高峰と南極点を制覇している。旅と食が好きで、170カ国を旅し、世界の三つ星139店のうち136店を訪問と、地球を遊び回っている

バカと前向《まえむ》きに付《つ》き合《あ》う

2023年9月1日　初版発行

著　者　福永活也

発行者　小早川幸一郎

発　行　株式会社クロスメディア・パブリッシング
〒151-0051 東京都渋谷区千駄ヶ谷4-20-3 東栄神宮外苑ビル
https://www.cm-publishing.co.jp
◎本の内容に関するお問い合わせ先：TEL（03）5413-3140／FAX（03）5413-3141

発　売　株式会社インプレス
〒101-0051 東京都千代田区神田神保町一丁目105番地
◎乱丁本・落丁本などのお問い合わせ先：FAX（03）6837-5023
service@impress.co.jp
※古書店で購入されたものについてはお取り替えできません

印刷・製本　中央精版印刷株式会社

　ISBN978-4-295-40867-3　C2034